이병철·정주영의
정도경영과 도전정신의 명암

이병철·정주영의 정도경영과 도전정신의 명암

한국 경제성장을 이끌었던 두 거인의 성공과 좌절의 순간들

박정웅 지음

좋은땅

| 서론 |

실명을 들어 이런 주제의 글을 쓴다는 것은 몹시 부담이 가고 용기를 필요로 하는 일이다. 소설이나 드라마 형식을 취할 때는 가명을 쓰고 또 실제와 맞지 않는 부분은 얼마든지 '사실과 다를 수 있음'이란 말로 간단히 논란에서 비켜 나갈 수 있다. 그러나 한국 경제사의 큰 거목인 정주영 회장과 이병철 회장 두 사람의 이야기를 쓰는 데 있어서는 다르다. 엄연히 그 2세, 3세들이 현재 활동하고 있고 아무리 사실을 확인하고 기술한다 해도 거기에는 항상 다른 견해가 있을 수 있기 때문이다. 그만큼 사실 확인에 드는 중압감이 큰 것이다.

그럼에도 불구하고 이 책을 내는 데는 나름대로 세 가지 목적이 있다.

첫째, 도전과 모험 정신에 입각한 기업가 정신과 정도경영에는 각각 빛과 그림자가 있기 마련이다. 이런 것들을 세상에 밝히고자 했다.

둘째, 현대와 삼성은 한국의 경제 발전과 성장의 커다란 두 축을 이룬다. 이들의 발자취에 있어서 세상에 알려지지 않은 결정의 순간들이 있다. 누군가는 이러한 것들을 세상에 알려야 한다고 생각했다.

셋째, 앞으로 우리나라 경제의 장래를 짊어지고 나갈 MZ세대를 포함한 젊은 세대들에게 하나의 정신 유산으로써 기록을 남기고 싶다. 이런 것이 영감의 원천이 되어 많은 정주영과 이병철이 나오길 바라기 때문이다.

이야기를 기술하는 데 있어서 가능한 한 같은 시

이병철·정주영의 정도경영과 도전정신의 명암

기의 사회상과 경제 상황에서 두 사람을 조명하려고 노력하였다.

　필자는 1970년 초부터 1980년대 말까지 이병철 회장이 설립하고 정주영 회장과 한국의 재계 중진들이 참여하는 전경련에 약 14년간 몸담고 있으면서 정주영 회장과 이병철 회장을 비롯해서 경제계 중진 인사들을 직간접적으로 접할 수 있었다. 이 시기는 한국 경제가 주요 수출품이던 가발, 섬유제품, 공예품 등 극히 노동집약적 경공업 제품에서 자동차공업, 조선, 중화학 제품, 그리고 반도체, 고급 가전제품과 IT, 그리고 고도의 산업 구조와 디지털 경제로 도약하는 가장 역동적인 시기였다. 그동안 두 사람, 또는 관련 인사들을 직접 접하거나 체험, 수집한 자료들에 기초하였다.

　이 책은 이때의 필자의 체험과 기록, 그리고 기억을 바탕으로 저술하였다.

이러한 주제의 책이 얼마나 독자의 관심과 반응을 모을는지 나는 알 수 없다. 자비 출판을 택하게 된 이유다.

목차

1.

질문을 질문으로 답해야 했던 질문

한국 경제성장을 이끌었던 두 거인의
성공과 좌절의 순간들

필자가 대학이나 경제인 모임에서 정주영의 기업가 정신에 대하여 강의할 기회가 있을 때마다 자주 접하는 질문이 있었다. 그것은 현대 정주영 회장과 삼성 이병철 회장의 기업가 정신과 경영 스타일을 비교해서 평가해 달라는 것이다. 언뜻 생각하기에는 대답이 쉬운 질문일 수도 있겠으나 필자에게는 그렇지 못했다. 그래서 이렇게 대답했다. "만약 삼성이 반도체 사업을 결정하지 않았다면 오늘 경제계에서 위상이 어디에 와 있겠습니까?" 이 답변에 대체적으로 납득하고 스스로 답을 얻는 듯했다.

거기에는 간단히 대비하여 답하기 어려운 너무 다른 역사와 배경, 각기 한국 경제성장에 기여한 특징을 가지고 있기 때문이다.

2.

흙수저와 금수저의
다른 성장 배경과 청소년 시절

한국 경제성장을 이끌었던 두 거인의
성공과 좌절의 순간들

정주영 회장은 1915년에 강원도 통천군 송전면
아산리에서 빈농의 6남 2녀 중 장남으로 태어났다.
그의 어린 시절을 회고하는 대목에 다음과 같은
이야기가 있다.

가난한 집의 아이들을 괴롭히는 것 중의 하나가
몸에 기생하는 이가 있다. 제대로 된 살충제도 없
던 시절이다. 겨울철이면 어른들이 아이들 몸에
기생하는 이를 효과적으로 잡는 방법이 있다. 우

선 아이에게서 벗긴 옷을 추운 밖에 내놓는다. 그러면 이들이 추위를 피해서 옷 안쪽의 바느질 솔기 틈으로 숨어든다. 그러면 할머니가 밖에 모닥불을 피워 놓고, 벗겨 놓은 옷에 온기를 쪼이면 이번엔 솔기 틈에 숨어들어 있던 이들이 밖으로 다 기어 나온다. 이때를 놓치지 않고 할머니는 옷을 주위의 나무나 바위에 대고 힘차게 턴다. 털려 나간 이들은 추운 날씨에 얼어 죽게 된다.

그런데 정주영의 형제들은 옷을 할머니에게 벗어 맡긴 다음 갈아입고 있을 옷들이 없었다. 그래서 아이들은 모두 발가벗은 채로 한데 몰려서 방의 한구석에 이불을 함께 뒤집어쓰고 할머니가 이를 다 털어 낸 옷을 가져다 다시 입혀 줄 때까지 기다려야 했다. 정주영의 어린 시절의 집안 형편을 잘 말해 주는 일화다.

선천적으로 부지런한 정주영은 어려서부터 아버

지를 따라 조금이라도 더 곡식을 심을 밭을 얻기 위해 산자락을 일구는 것이 주요한 일과였다. 산자락의 돌을 골라내고 나무뿌리를 캐내는 것은 어린 정주영에게 여간 힘든 일이 아니었다. 그런 정주영에겐 아무리 뼈가 빠지게 고생을 해도 도저히 배고픔을 벗어날 수 없다는 현실에 더 절망했다. 할아버지가 하는 서당에서 3년간 한문을 배웠다. 10살에 들어간 보통학교를 우등으로 마친 정주영에게 참혹한 가난을 벗어나야겠다는 생각이 싹트기 시작했다, 그것은 새로운 세계를 향한 동경이었다. 그는 몇십 리 떨어진 구장(지금의 동장) 집에 가서 어른들이 돌려 가며 읽고 난 신문을 빌려다 보았다. 그로부터 미지의 세계에 대한 꿈을 키웠다. 특히 춘원 이광수의 연재소설 『흙』은 소년 정주영의 가슴에 깊은 영감을 주었다고 후에 술회하였다. 이러한 꿈은 그가 여러 번 시도 끝에 아버지가 소를 팔아 삼촌 장가 밑천으로 감춰 둔 돈을 여비와 정

착비 삼아 서울로 가출하게 된다.

*　　　*　　　*

이병철 회장은 1910년생으로 정주영 회장보다 5년 위다. 그는 경남 의령군 정곡면 중교리에서 만석군 지주인 유복한 집안에서 2남 2녀 중 차남으로 태어났다. 그는 유년 시절 서당과 진주의 지수보통학교, 당대의 부잣집 자녀가 다녔던 서울 수송보통학교, 그리고 중동중학교를 거쳐 일본 명문 와세다대학 전문부 정경과에 유학하게 된다. 일본 유학 중에도 부모가 하숙비보다 몇 배 많은 송금을 해줘서 풍족한 유학 시절을 보낸다. 그리고 몇 년 후 간단한 신병 치료차 학업을 중단하고 귀국 길에 오른다.

그는 어린 시절 부친으로부터 "매사에 성급하지 말아야 한다. 무리하게 사물을 처리하려 들면 안 된다"라는 가르침을 받았다. 이는 그 특유의 치밀함, 정도경영 원칙으로 자리 잡아 그의 일생을 관류하게 된다.

거의 같은 시기 가출 소년 정주영은 타향에서 하루 세끼를 해결하기 위하여 닥치는 대로 막노동을 하는 시련의 시기를 지낸다. 고려대학교 건설 공사장에서 돌짐을 지고 비계를 오르는 일에서부터 인천 부두 하역장에서 짐을 지는 일까지 가릴 겨를이 없었다. 젊은 정주영에게도 허리가 휘는 힘든 노동이었다.

인천 부두에서 하역 일을 할 때의 일이었다. 일에 지친 인부들이 밤에 나무판자를 이어 만든 평상에서 함께 잠을 자도록 되어 있었다. 그런데 곤히 잠든 노동자들을 괴롭히는 게 있었다. 그것은 어디서 나왔는지 수없이 많은 빈대들이 평상 위에 잠든 인부들의 피를 빠는 것이었다. 잠을 제대로 못 자는 것도 문제이고 먹는 것도 시원찮은 인부들에게는 그 고통이 말할 수 없이 큰 것이었다. 궁리 끝에 인부들에게 묘안이 떠올랐다. 가만히 보니 빈대들이 평상의 다리를 타고 평상 위로 오르는 것이었다. "옳지!" 생각이 떠올랐다. 평상의 네 다리를 물을 채운 양은 양재기 안에 올려놓는 것이었다. 묘안은 적중했다. 아침에 보니 빈대들이 물이 채워진 양재기 안에 빠져 죽어 있었다. "역시 인간의 지혜가…" 하며 인부들은 쾌재를 불렀다. 그리고 그들은 계속해서 같은 방법을 써서 편한 잠을 잤다. 그런데 며칠이 지나서 또다시 빈대들이 인부들을 무는 것이었다. 어찌 된 일인가 자세히 관찰해 보았다. 빈대들이 물의 장애물이 있는 평상의 다리를 피하는 대신 방의 벽을 타고 평상 바로 위 천장으로 기어오르는 것이었다. 그리고 거기서 잠들어 있는 인부들의 몸 위로 '자유낙하'를 해서 인부들의 피를 빨고 있는 것이었다. 거기서 정주영은 깨달았다고 술회하였다. "빈대와 같은 미물도 위기에 좌절하지 않고 생존을 위해 묘수를 생각해 내서 극복하는데 하물며 인간이…"

정주영 회장은 어려운 일이 있을 때면 종종 이때의 일을 떠올리며 회사 간부들에게 이야기했다고 한다. 이런 시련 끝에 청년 정주영이 처음으로 안정적으로 가지게 된 직장이 쌀가게 배달 일이었다. 이후 정주영은 특유의 근면과 끈기로 광물 운송업, 자동차 수리 공장, 건설(주로 건물 수리)업을 하게 된다. 자동차 수리 공장에 불이나 수리를 위하여 맡겨 놓은 자동차들까지 타 버려 큰 손해를 보는 시련을 당하기도 했다. 이 시기에 정주영이 건설업에 눈을 돌리게 된 동기로 일본 경찰서에 돈을 받으러 가면 자동차 수리비에 비하여 건물 수리비의 액수가 큰 것을 보고 건설업도 시작하기로 결정했다고 술회하였다.

3.

6·25를 전후한 과도기의 자본형성과 도약을 위한 기반 조성의 다른 길

한국 경제성장을 이끌었던 두 거인의 성공과 좌절의 순간들

이병철 회장은 정미소, 양조장, 쌀 수송 사업과 유통업에 종사하며 마산, 대구에서 사업을 시작해서 삼성상회를 설립하며 기반을 다졌다. 선친으로부터 물려받은 연수확 300석을 밑천으로 삼았다. 사업은 순조로워 약 1년 만에 연수 1만 석, 2백만 평의 대지주로 성장했다. 이 시기에 그는 넘쳐 나는 돈을 주체하지 못해 마산 요정에서 보내는 시간이 많았고 이 시기에 국악을 접하게도 되었다고 술회하였다. 당시 특혜 업종이었던 양조장 사업에서 큰 이익을 내었다고 했다. 1947년 해방 후 서울로 진출, 삼성물산상사를 설립했다. 그 당시 국내 전반적으로 생산 기반이 없는 상태서 극심한 물자 부족을 간파하고 무역에 눈을 뜬 삼성은 말 그대로 일취월장했다. 1949년 들어 한국 재계 정상의 위치까지 올랐다. 그러나 6·25 발발로 모든 것을 잃고 피난길에 오른다.

피난길에 그의 사업 본거지 중 하나였던 대구에 이르러서 그는 뜻밖의 기회를 만난다. 서울에 올라와 새로운 사업에 몰두하느라고 거의 신경을 안 썼던 대구의 양조장에서다. 사업을 맡겼던 사람이 "우리가 그동안 이익을 내서 가지고 있던 3억 원가량 비축한 게 있습니다."라며 전시 형편에서는 거금이랄 수 있는 돈을 내놓는 것이었다. 이 돈이 6·25 전시와 그 후의 소비재 유통과 무역으로 다시 시작할 큰 자본을 형성하는 바탕이 되었다고 이병

이병철·정주영의 정도경영과 도전정신의 명암

철 회장은 술회하였다. 이렇게 재기한 3억으로 출발한 것이 1953년에 그 20배인 60억 원으로 늘었다고 하였다. 확실한 기반을 마련하게 된 것이다.

*   *   *

한편 정주영 역시 6·25와 함께 어느 정도 기반을 잡아 가던 사업을 모두 잃고 빈손으로 형제들과 함께 피난길에 오르게 되었다. 할 일 없이 시간을 보내고 있을 때 정주영의 바로 밑에 동생 정인영이 부산 주둔 미군 사령부에서 통역관을 모집한다는 광고를 보게 되었다. 정인영은 정주영과는 달리 형편이 나아진 형의 도움으로 일본 유학을 마친 엘리트로 동아일보 기자로 근무했고 특히 영어를 유창하게 구사할 수 있는 인물이었다. 당연히 정인영은 취직이 되었다. 그런데 이것이 계기가 되어 중요한 기회를 맞게 된다. 당시 서울 수복 반격을 위해 미국으로부터 부산으로 입항하는 수많은 미군 병력의 숙소 문제가 날로 심각해져 가고 있었다. 그래서 미군 건설 공병단에서 숙소를 지을 수 있는 민간 업자를 급히 구하게 되었다. 그때 마침 그 공병단의 통역이 정인영이었다. 서울에서 건설사 간판을 내걸고 주택 수리업 경험이 있는 형에게 즉각 연결하였다. 정주영은 이 기회를 놓치지 않고 특유의 현장 정신과 성실성으로서 일을 수행해 냄으로써 미군 당국의 신뢰를 얻게 된다. 그 후 새로 미 대통령에 당선된 아이젠하워의 12월 방한에 맞추어 부산 유엔군 묘지 공사를 단기에 완성해야 되는 공사를 수주하게 되었다. 그런데 문제가 있었다. 때가 한겨울이었다. 그러지 않아도 죽은 병사의 묘지 모습이 슬프고 처량하기 마련인데 겨울이라 묘역에 풀이 없어 더욱 황량하기 짝이 없는 모습이었다. 그 광경을 대통령에게 그대로 보이는 것이 미군 당국은 너무 부담스러웠던 것이다. 미군 당국은

이병철·정주영의 정도경영과 도전정신의 명암

정주영에게 황당한 주문을 했다. 묘역에 어떤 수단을 써서라도 푸른 잔디를 덮으라는 것이었다. 한겨울에 난감한 일이었다. 이때 농촌 출신인 정주영에게 번개처럼 스치는 생각이 있었다. 어쩌면 부두 노동자 시절 빈대의 지혜가 떠올랐는지 모른다. 추운 겨울에도 하얀 눈 밑에서 싹이 나서 푸르게 자라는 보리가 생각났다. 근처에 널린 것이 보리밭이었다. 일단 묘역을 푸르게 하고 나중에 봄이 오면 잔디로 바꿔 심으면 되는 것이다. 이 기발한 아이디어에 주위 사람들은 혀를 내둘렀다. 미군 당국자들은 "원더풀!" 감탄을 연발했다. 이를 계기로 미군 당국의 신뢰를 얻은 정주영은 이후 미군 기지 공사를 수주하며 사업 자본과 기량을 쌓아 나아갔다.

4.

서울 수복 후의 창업과 성장

한국 경제성장을 이끌었던 두 거인의 성공과 좌절의 순간들

서울 수복 후 1950년도 중반 한국의 상황은 나라 전반에 걸쳐서 극심한 물자 부족에 시달렸다. 정부 살림 역시 정부 예산의 절반을 미국의 원조에 의지하는 형편이었다. 국방 예산은 100%를 미국 군원에 의지했다. 우선 시급한 것이 국민들의 먹거리와 입을 것, 그리고 폐허가 된 집들이었다. 더구나 이러한 물자를 생산할 시설 또한 전무한 상태였다. 이런 시기는 기민한 사업가에게는 항상 기회가 되

이병철·정주영의 정도경영과 도전정신의 명암

는 시기이기도 하다. 이병철 회장은 이 기회를 갈파했다. 그는 생필품 중에 식료품 유통에 눈을 떴다. 우선 수입 유통이다. 그는 앞서 말했듯이 대구 양조장에서 확보한 초기 자본을 바탕으로 사업을 하여 형성한 자본이 있었다. 그 당시 나라의 외환 사정은 거의 제로에 가까웠다. 텅스텐 광물 수출과 오징어, 김을 비롯한 수산물이 외화 수입의 전부였다. 물자 수입에 필요한 외화는 전적으로 정부가 미국의 원조로 확보한 것이 전부였다. 수입에 필요한 외화를 정부에서 배정 받아야 했다. 이토록 귀한 외화의 공정 환율과 암시장과의 환율은 몇 배의 차이가 났다. 따라서 물자의 수입을 위해서 외화를 배정 받는다는 것은 대단한 특혜와 이권이었다. 환률상 이득에 더하여 수입 시판하는 물자는 시중 환율을 기준으로 대폭 마진을 붙여 판매하는 데도 줄을 서서 사가는 형편이었다. 설탕, 소맥 등을 수입하는 이병철 회장의 삼성에게 엄청난 이익을 가져다주었다. 1958년 들어 고용, 소득과 세금 납부에 있어서 국내 1위에 올랐다. 이때쯤 이 회장을 빗대어 "돈병철"이라는 질시 섞인 말이 시중에 회자되기도 했다. "성공한 기업인에 대한 사회의 평가가 왜 그리 인색한지…"라고 이 회장은 한탄하였다고 한다.

수입업을 하며 자본을 한층 더 축적한 이 회장은 이를 계기로 외화를 절약하고 생필품을 국내 제조하는 수입대체 제조업을 야심 차게 준비하게 된다.

*　　　*　　　*

한편 정주영 회장은 미군 기지 공사를 위주로 건설회사로서의 경험과 기량을 쌓아 가고 있었다. 그러던 1953년 일대 치명적인 시련을 맞는다. 고령교 복구공사가 그것이다. 고령교는 경상북도 대구와 거창을 연결하는 다리다. 전쟁으로 파괴된 것을 복구하는 공사를 수주하게 된 것에서 비롯되었다. 고령교는 군수 물자 수송은 물론 일반 물자와 인력 수송에 있어서 복구가 시급한 대단히 중요한 교량이었다. 말이 복구공사였지 교각은 기초만 남았고 상판 구조는 물에 처박혀 있어서 새로 건설하는 것보다 더 난공사였다. 수주액으로 볼 때 그 당시 관급 공사 중 가장 큰 공사였다. 공사비 5,478만 환, 공기는 26개월이었다. 그런데 당시 현대로서는 그만한 공사를 해 본 경험이 없고 장비도 부족했으며 현지 지질과 공사할 수 있는 일기를 고려하지 못한 데다 더욱이 치명적인 것은 공사 금액이 정해진 시점 대비 완공 시점의 물가 상승이 몇 배에 달하게 되었기 때문이다. 예를 들면 공사 시점 기름 단가가 7백 환이었던 것이 끝날 무렵에는 4천5백 환이 되었고, 쌀 한 가마니 값이 40환이던 것이 4천 환이 되었다. 계약 공사비는 그대로 불변이었다. "정 회장, 공사를 포기해, 더 손해 보지 말고. 상황이 상황인 만큼 당신이 포기해도 아무도 원망할 사람이 없어." 빚쟁이를 비롯하여 주위에서 은근히 압박을 가해 왔다. 이 과정에서 엄청난 사채를 썼다. 그래도 공사를 완공하는 데는 태부족이었다. 하는 수 없이 조상에 제사 지낼 집으로 둘째 동생 정순영의 집만 남겨 놓고 형제들의 집을 모두 팔아서 댔다. 건설업자로서 중도 포기라는 오명을 남기지 않으려는 정 회장의 집념이었다. 결과적으로 5,470만 원에 계약한 공사를 6,500만 원을 들여 공사 기간을 2개월 넘겨서 완공했다. 사채 이자와 인플레를 포함하여 6,000만 원이 넘는 빚을 지는 공사였다. 이때 진 빚은 오랫동안 그에게 큰 부담으로 작용했다.

건설업자로서 큰 손해를 감수하면서도 공사를 끝까지 이행해 내는 정 회장의 신용에 대한 집념은 얼마 후 그에게 커다란 전화위복의 기회를 가져다

주게 된다. 6·25 전란 초기에 한강 인도교 폭파로 폭파 현장은 말할 것도 없고 피난길이 막혀 서울을 못 빠져나가 수많은 피해자를 낸 한강 인도교 복구 공사였다. 1957년 한강 인도교 복구공사를 수주하는 데 고령교 공사 때의 신용이 결정적으로 작용했던 것이었다. 국가적으로 상징성이 대단히 높은 공사였다. 수복 후 정부 발주 최대의 공사였던 이 공사에서 40%의 이익을 내었다. 이 공사로 정 회장의 현대건설은 건설업계의 중진 업체로 본격적으로 중앙 무대에 진출하게 되었고 향후 도약의 발판을 마련하는 계기가 되었다.

*　　*　　*

1960년도 중반, 경제개발 5개년 계획 일차 연도 (1962~1966)가 끝나가는 데도 극심한 물자 부족에 의한 민생고와 경제는 눈에 보이게 나아지는 것이 없어 보였다. 외화보유고는 바닥을 보였고 식량을 비롯한 생필품은 턱없이 부족하였다. 국가적으로도 무엇보다 시급한 것이 수입을 하지 않고도 국내에서 물자를 생산하여 보급하고 수입에 드는 외화를 절약하는 것이었다. 수입 대체 산업이다. '수출 입국'을 내세우며 대통령이 직접 수출진흥확대회의를 주재하여 수출 드라이브를 걸었다. 하지만 수입대체산업은 보다 더 시급한 과제였다. 그동안 축적해 놓은 자본을 가지고 이 회장이 오래 품어 왔던 계획을 본격적으로 실현할 시기가 온 것이다. 우선 완제품 수입에 막대한 외화가 유출되던 설탕의 국내 제조였다. 당시 설탕은 대단히 귀한 상품이었다. 선물용으로 여러 단위로 포장한 설탕이 부유층 사이에 명절 때 선물로 사용되던 때였다. 손님 대접으로 시원한 설탕물을 내놓던 시절이었다. 국내에 없던 제당 기술과 기계 설비를 수입하는 일이었다. 거기에는 대단히 큰 자금이 필요했

이병철·정주영의 정도경영과 도전정신의 명암

다. 1958년 제일제당을 설립했다. 기술과 설비를 일본에 의존하기로 했다. 공장 건설에 필요한 신화 (1953년 구 원화를 환으로 100:1 평가절하) 2천만 환을 들여서 착수했다. 전후 최대의 생산 시설 투자였다. 자본 규모나 기술과 설비 도입을 당시로서는 삼성만이 할 수 있는 일이었다.

제당 공장은 삼성의 독점적인 사업이었다. 이 회장의 삼성에 엄청난 수익을 가져다주었다. 거대 자본으로의 삼성의 위치를 굳히는 데 크게 기여했다. 일반인들도 전에 비해 1/3 가격으로 설탕을 먹을 수 있게 되었다.

한편 국내의 열악한 사정의 '입을 것'에 관심을 두었다. 당시 '사치품'으로 정식 수입이 안 되고 암시장 밀수품에 의존했던 소위 '마카오' 양복지로 옷을 한 벌 장만하려면 어지간한 사람의 석 달 치 월급을 모아야 하는 형편이었다. 그러나 역시 생산

공장을 차리는 데는 큰 자본이 필요했다. 기본적인 기술과 설비는 일본에 의존하되 부분적으로 특화된 기술과 기계는 유럽 나라들과 제휴했다. 비용절감과 고급 기술의 확보를 위해서였다. 이렇게 함으로써 이 회장은 세 가지 목적을 달성했다. 보통사람들도 부담할 수 있는 가격으로 모직 양복을 입을 수 있게 되었고, 외화를 절약하고, 늘어나고 있는 한국의 고급 섬유제품 수출에 있어서 부가가치를 높이는 데 기여했다. 400년 역사를 가진 영국의 모직물과도 경쟁하게 되었다. 그 후 화학 섬유 분야로 제품을 확대하였다.

*　　　*　　　*

그때까지 이 회장의 삼성의 성장과 자본축적 과정에 있어서 주로 소비재 위주로 하였기 때문에, 그리고 엄청난 부를 축적한 결과 때문에 상대적으로 우리 경제 발전에 공헌한 데 대한 합당한 평가를 일반 대중으로부터 받지 못하지 않았나 하는 생각이 든다. 거기에는 크게 성공하여 돈을 번 대상에게 앞서 말했듯이 칭찬과 박수를 보내기보다 질시와 부정적인 감정이 많이 차지하는 우리 문화의 속성이 작용했다고 본다.

이 회장의 삼성이 일반 대중에게 부정적인 영향을 준 또 한 가지 결정적인 사건이 발생한다. 그것은 1966년 발생한 삼성 계열사 한국비료에서 발생한 '사카린 밀수 사건'이다.

1966년 기준 우리나라 농업의 GDP 비중과 농사에 종사하는 인구도 절대적이었다. 수차례 거듭된 증산 계획에도 불구하고 식량 자급률은 턱없이 낮았다. 이를 개선하기 위해선 비료가 절실히 필요했다. 그러나 비료 수요의 대다수를 부족한 외화를 들여 수입해야 했다. 비료 국내 생산이 시급했다.

그러나 그것은 당시 우리에게는 아무나 나설 수 없는 거대 자본과 시설, 기술과 설비를 필요로 하는 것이었다. 역시 이 회장의 삼성만이 할 수 있었다. 이 회장은 한국비료 설립 계획을 착수했다. 이 회장에게도 다시 최대의 자본이 투입되는 사업이었다. 공정이 80%쯤 되는 1966년 9월 엄청난 사건이 발생했다. 보세 창고에 보관 중이던 OTSA라는 원재료가 정부 허가 없이 시중에 유통되었던 것이다. 소위 '사카린 밀수 사건'이란 것이다. OTSA라는 약품은 요소 비료를 만드는 과정 중 탄산가스를 흡수, 재생하는 과정에 쓰이는 약품이다. 사카린 제조의 전구체이기도 하다. 이태리로부터 수입하여 보관 중에 있던 것이었다. 이것을 담당 직원의 부주의로 약 6톤(당시 시가로 6만 달러 상당) 정도의 물량이 유출되었다. 이 사건은 전년도에 벌금을 물고 일단 해결되었던 것이라고 한다. 이 회장의 회고록에서 밝힌 바에 따르면 삼성을 해할 의도로 이 사건을 정치권의 일각에서 '재벌의 밀수 사건'으로 들고나왔다고 한다. "이병철의 삼성이 이러한 어마어마한 밀수를 하다니…" 한국 사회에 엄청난 파문으로 퍼져 나갔다. 정경유착의 소문은 걷잡을 수 없이 퍼져 나갔다. 국회에서는 김두환 국회의원이 담당 장관에게 집에서부터 준비해 온 오물을 투척해서 사회적 파문은 더욱 확산되었다. 이 회장은 서둘러서 이 사건을 수습해야 하는 압박을 받았다. 대단한 의욕과 취지를 가지고 앞서 제일제당이나 제일모직보다 훨씬 많은 거금을 투입해서 의욕적으로 추진한 사업을 포기하게 되었다. 사건의 발단을 담당자의 실수로 돌리고 한국비료를 국가에 헌납하는 것으로 결론지었다. 사건의 중대성에 비해 급히 서둘러 마무리했다. 이 사건은 아무리 삼성이라 해도 재정적인 손실을 감당하기에 벅찬 규모였다. 그리고 불과 2년 전에 있었던 '3분 폭리 사건'이 국민들의 기억에 아직 남아있는 데 더하여 이 회장의 삼성에 대한 사회적 이미지에 커다란 부정적 흠결을 남겼다. 많은 사람들이 정치적으로 경제 사회적으로 심각한 이 사건을 평소 그토록 정도를 지키고 신중한 이 회장이 단순한 담당자의 일탈로 돌리고 성급히 마무리한 데 대한 의구심을 가지게 되었다. 또한 이 회장의 차남 이창희가 한국비료의 대표로서 책임을 지고 구속되었다. 이 과정을 전후하여 이 회장과 차남과의 갈등이 생겼고 이후 삼성의 후계 구도에도 영향을 미친 것으로 알려졌다. 이 사건은 당시의 정치권과 삼성과의 복잡한 관계가 원인이었던 것으로 전해지고 있다. 이 사건의 여파로 이 회장의 삼성이 몇 년 후 중요한 사업 기회를 잡지 못하는 비운으로 이어졌다는 이야기가 설득력을 갖게 한다. 이는 오늘날까지 삼성의 여한으로 남아있게 된다.

*　　*　　*

이 회장의 삼성은 두 가지의 대단히 중요한 사업을 갖지 못하였다. 그것은 정유 사업과 자동차산업이다. 우선 정유 사업에 대하여 이야기해 보고자 한다. 1966년경 한국 정부는 미국으로부터 기존의 대한석유공사에 이어 최초로 민간 정유 사업 제안을 받는다. 제2차 경제개발 5개년 계획의 핵심 사업 중의 하나다. 미국의 메이저 칼텍스와 합작 조건이었고 한국 파트너로 어느 기업을 지정할 것인가는 공모 형식을 취하였으나 사실상 정부가 결정권을 가지고 있었다. 한국 경제계를 좌우할 엄청난 이권이었던 만큼 어느 기업이 선정되느냐 하는 데에 대하여 국내 경제계는 물론 해외에서도 초미의 관심사가 되었다. 일각에서는 자본력이나 한국 경제계에서의 위상으로 볼 때 당연히 이 회장의 삼성일 것이라고 예단하고 있었다. 그런데 여기에는 삼성 자체는 물론 집권 공화당에게 정치적으로 커다란 부담이 있었다. 그것은 다른 요인보다 이 시점으로부터 2년 전에 있었던 '3분 폭리 사건', 그리고 아직 파문이 가라앉지 않고 있는 1966년 같은 해에 터졌던 '사카린 밀수 사건'이었다. 그리고 이때의 폭리 자금이 당시 집권 정당 공화당 정치자금으로 유입되었다는 여론에 대한 확실한 해명이 안 된 상태에 있었다. 이런 때에 이 회장의 삼성으로 정유 사업권을 준다면 이 회장이나 집권 정당에게 정치적으로 감당하기 어려운 상황이 벌어질 수 있는 상황이었다. 그래서 물망에 오른 것이 비교적 이러한 것으로부터 자유로웠던 락희화학공업(현 LG화학)이 물망에 오르게 되었다. 여기에 더하여 당시 정치계에는 물론 여러 부분에서 막강한 영향력을 가지고 있던 이후락 당시 대통령 비서실장의 역할이 작용했다는 후문이 있다. 결국 미국 칼텍스가 50%, 락희화학이 30%, 서정귀 씨가 20% 지분 참여하는 호남정유가 1967년 설립되게 된다. 서정귀 씨는 박정희 대통령의 대구사범 동기 동창으

이병철·정주영의 정도경영과 도전정신의 명암

로 알려진 사람이다. 호남정유는 1973년 1차 석유 파동이 터지자 국내 원유 확보 전쟁이 일어났을 때 다른 정유사들은 원유를 구하지 못하여 가동률이 60~70%로 떨어질 때 미국 합작사의 지원으로 94% 가동률로 엄청난 호황을 누렸다. 호남정유는 이후 정유뿐만 아니라 석유종합화학회사로 사세를 확장하였고 LG그룹이 성장하는 데 중요한 자금원이 되었다.

세월이 지나 1980년대 들어서 10년 전 통한의 정유 사업을 잡을 또 한 번의 기회가 왔다. 그때까지 국영이었던 한국 최초의 정유 회사인 한국석유공사의 불하 계획이었다. 정부가 내놓은 기본 조건 외에 산유국으로부터 먼저 원유 공급계약을 따오는 업체에게 불하한다는 것이었다. 이 회장은 이번 기회는 놓치지 않을 것을 자신했다. 삼성은 그동안 쌓아 놓은 해외 인맥 네트워크와 자본력, 능력 있는 인재, 명성에 자신감을 가지고 있었다. 그러나 결과는 유석원, 손길승 등 인물들을 동원한 SK의 승리로 돌아갔다. 이 회장은 격노했다고 한다. 그 결과로 삼성에서는 정유 사업을 추진했던 핵심 임원들이 사퇴하는 일이 일어났다.

*　　　*　　　*

자동차 사업은 이 회장의 또 하나의 숙원 사업이었다. 자동차 사업은 약 2만 개 이상의 부품이 들어간다. 여기에는 금속, 기계공업, 전자, 반도체, 컴퓨터, 화학, 첨단산업 기술이 다 동원된다. 그리고 자동차는 고가이면서 교체 주기가 빠르고 계속해서 수요와 시장이 성장하는 특징을 가지고 있다. 그러므로 자동차산업을 갖는다는 것은 첨단 기술 사업을 주도하고 우위를 점할 수 있는 것이다. 그리고 수출을 통하여 기업의 국제적인 위상을 드높일 수 있는 사업이다. 이런 점을 누구보다 잘 아는 이 회장이 자동차공업에 의욕을 버리지 않는 것은 당연한 일이였다. 그는 다각도로 방안을 모색하던 중 1980년 중반 크라이슬러의 리 아이오코카 회장의 방한을 맞게 된다. 리 아이오코카 회장은 원래 포드자동차의 회장으로 있던 중 헨리 포드 2세와 의견 충돌로 회사를 떠났다. 그 후 그는 당시 기울어 가던 크라이슬러 자동차의 회장으로 취임하여 눈부시게 부활시킴으로 자동차 업계의 전설이 되었다. 아이오코카 회장이 이 회장과 만나고 귀국했다. 이 회장이 아이오코카 회장과 자동차 사업을 협력하기로 했다고 언론에 크게 발표되었다. 그런데 어찌 된 사연인지 아이오코카 회장이 즉각 자기는 그런 약속을 한 일이 없다고 해명 기사를 냈다. 구체적인 배경은 알려지지 않았지만 이 회장에게는 대단히 당황스럽고 자존심 상하는 일이였지만 당사자가 아니라는데 방법이 없었다. 이렇게 하여 이 회장의 자동차에 관한 생전의 마지막 시도가 끝나고, 후에 이건희 회장 대에 다시 시도한 르노 삼성 자동차산업도 IMF 금융위기로 불운하게 일단 끝을 맺게 된다.

5.

모험, 도전정신으로 일관한
중후장대 사업

한국 경제성장을 이끌었던 두 거인의
성공과 좌절의 순간들

1960년대 중반부터 1980년도 중반에 이르는 시기 정 회장의 현대도 가장 눈부신 도약기를 맞이하게 된다.

독일 방문 중 아우토반에서 영감을 받은 박 대통령은 한국의 산업화를 위해서는 무엇보다 국토를 종단하는 고속도로 건설이 필수 조건이라는 신념을 굳히게 된다. 그런데 그때까지도 우리 경제의 많은 부분을 미국의 원조에 의지하고 있었다. 박 대통령의 고속도로 계획은 미국도, 세계은행도, 일본도 외면했다. 한국의 산업화 발전 단계로 볼 때 아직 시기상조라는 이유에서였다. 더 급한 민수산업에 우선순위를 두어야 한다는 이유였다. 겨우 파독 광부와 간호사들의 급여를 담보로 독일에서 돈을 빌렸다. 파월 장병의 송금도 보태서 겨우 자본을 마련했지만 선진국 예를 볼 때 턱없이 부족한 금액이었다. 여기에 또 한 가지 문제가 있었다. 그것은 그때까지 국내의 누구도 고속도로 건설을 해 본 업체가 없다는 것이었다. 우선 예산을 세워야 했다. 경제부처, 육군 공병단, 그리고 민간 업체에서 제출한 예산은 최고 금액에서 최하 금액이 3배의 차이가 났다. 생각해 보면 어이없는 일이었다. 그러나 고속도로 건설 경험이 없으니 어쩔 수 없는 노릇이었다. 그러나 이런 난관에도 박 대통령의 의지는 확고했다.

이때 태국에서 짧은 구간에서 고속도로 비슷한 공사를 했다는 현대건설 이야기를 듣고 정 회장을 불러들였다. 박 대통령은 적극적이고 도전정신이 넘치는 정 회장이 즉각 맘에 들었다. 이때부터 고속도로 건설뿐만 아니라 그 후로 한국 경제의 전환기를 주도하는 사업에 있어서 두 사람의 교호 관계가 시작되었다.

1967년 2월에 착공한 경부고속도로는 2년 6개월 후인 1970년 6월에 감격적인 개통을 하였다. 수많은 난공사 구간과 장비 부족에도 거리 당 최저 비용, 최단기간 등 수많은 기록과 일화를 남겼다. 국가 산업 기반에 있어서 동맥이라 할 수 있는 고속도로가 완성됨으로써 한강의 기적이 태동하기 시작하는 계기가 되었다. 박 대통령과 정 회장에게도 자신감을 불어넣어 주는 계기가 되었다.

이후 정 회장은 수많은 반대와 난관을 무릅쓰

고 중동 건설 시장에 진출하여 엄청난 외화를 벌어들여 오일쇼크로 파경 직전의 한국 경제를 구했다. 어촌의 황량한 모래사장 사진을 들고 다니며 외국에서 돈을 빌리고 배를 선주문 받아 대형 조선 사업을 성공시켰다. 자동차 독자 개발도 해 냈다. 1960년대 후반부터 1970년도 중반 불과 10여 년 사이에 이룩한 엄청난 일들이었다. 이런 사업의 공통된 특징은 당시 한국의 상황이 자본, 기술, 경험, 인력, 국내 시장이 전무한 데서 이루었다는 것이다. 그래서 정 회장이 이런 사업 계획을 발표했을 때마다 "저 사람이 제대로 교육을 못 받아 무식해서 저런 불가능하고 무모한 일이 된다고 생각하는 거야. 정 회장이 망하는 거야 자업자득이니 어쩔 수 없겠지만 이제 막 해외로 눈 돌리기 시작하는 한국 기업의 대외 신뢰도에 문제가 생길 것이 걱정이야."하고 수군거렸다. 그러나 세인의 부정적인 예측을 뒤집고 이들은 성공시켰다. 세계적인

이병철·정주영의 정도경영과 도전정신의 명암

위상도 확립했다.

  우선 조선 사업을 살펴보자. 조선 사업은 1971년 울산의 어촌 마을 모래사장의 항공사진과 어설픈 사업계획서를 들고 우선 영국의 금융기관의 문을 두드리며 자금 조달에 나서면서 시작되었다. 정 회장 말로 "나보다도 더 미친 선주를 만나 배 주문을 받았다."라고 한 그리스 선주 리바노스에게서 배를 주문을 받아 극적으로 사업의 물꼬를 텄다. 26만 톤급 선박이었다. 불과 몇천 톤급 선박 건조 능력밖에 없었던 우리에게는 보지도 못한 어마어마한 꿈같은 규모의 대형 선박이었다. "어렵게 생각하면 한이 없고 불가능하게 생각하면 끝이 안 보인다. 우리는 철판이 많이 쓰이는 건설 공사를 많이 해 봤다. 조선 공사도 설계도에 따라 철판을 용접하고 엔진을 달면 되는 것이다. 그 과정에서 못 만드는 것이 있으면 우선 외국서 사다 붙이고 기술이 부족하면 배워서 하면 된다." 1972년에 기공식을 가진 현대조선은 이렇게 시작되었다. 그는 한편으로 도크를 파는 공사를 하고 한편으로는 도크가 필요 없이 작업이 가능한 선제 용접 및 부분 조립 작업을 진행하여 공기와 비용을 획기적으로 줄이는 방법을 썼다. 국제적으로 대해를 운행하는 선박을 건조하는 데 있어서는 로이드 선급협회(Lloyd's Register)라는 3백 년 가까이 되는 비영리 국제기구의 검증을 받게 되어 있다. 해양에서의 인명과 재산 보호, 그리고 해양 오염을 방지하기 위해서 건조 과정을 검증하는 기관이다. 이 심사 과정을 통과하지 못하면 배를 운항할 수 없다. 현대조선은 건조 과정에서 이들의 검증 과정을 무난히 통과하여 약속한 기일 안에 선주 리바노스에게 선박을 인도했고 선주도 대만족을 했다. 이렇게 출발한 현대조선은 한국을 1987년 기준 세계 1위 조선 강국으로 만들었다. 오늘날 현대 중공업은 여의도 면적의

3배에 이르는 635만㎡의 면적에 11개의 도크에서 대형 선박들이 건조되고 있다. LNG 운반선은 우선 LNG 가스를 영하 165도로 냉각시켜 부피를 600분의 1 액체로 줄이고 운항 중의 요동 충격으로 기화되는 가스를 재냉각시켜 가스 손실을 줄여야 되는 최첨단 기술을 요하는 선박이다. 이런 첨단 기술을 요하는 최고의 부가가치의 선박이다. 세계 발주량의 80%를 현대중공업이 차지하고 있다.

이번에는 자동차공업을 보자.

1970년도 초 미국은 장래 아시아 지역의 자동차 시장이 성장할 것을 내다보고 있었다. 이 지역의 자동차 강국 일본과 경쟁하기 위하여 미국 정부는 한국을 미국의 자동차 메이커의 하청 공장을 구축하기 위한 강한 의지를 가지고 있었다. 그래서 당시 리차드 스나이더 주한 미국 대사를 통하여 정 회장을 집요하게 설득하고 나섰다. 그러나 정 회장의 자동차 독자 개발 의지는 굽힐 수 없는 것이었다. 이 자리에서 정 회장은 이렇게 말했다. "자동차 산업은 앞으로 한국이 선진 공업국 대열에 진입하기 위해서 반드시 필요한 분야입니다. 그렇기 때문에 대사님께서 염려하시는 것처럼 해외 건설 사업에서 번 돈을 모두 쏟아붓고 실패한다 해도 나는 결코 후회하지 않을 것입니다. 왜냐하면 그것이 밑거름이 되어 훗날 한국의 자동차산업이 성공하는 데 필요한 디딤돌을 놓을 수 있다면 나는 그것으로 보람을 삼을 수 있기 때문입니다." 정주영 회장을 기리는 비명에 새겨 놓을 만한 말이다. 한국 경제사에 기록되어야 할 대목이라고 생각한다. 1975년 독자 개발 모델 포니를 양산하기 시작했고 1986년에 가서야 처음으로 포니 액셀을 미국에 수출한 지이제 50주년을 앞에 두고 있다.

그 사이 2세 정몽구 회장을 거쳐 3세 정의선 회

장에 이르렀다. 현대자동차그룹은 2022년 기준 684만 대를 판매하여 세계 3위의 자동차 메이커가 되었다. 기술과 디자인, 브랜드 면에서도 세계 자동차 업계에서 뛰어난 우위를 보이고 있다. 요즘 들어 급부상하는 전기 자동차 분야에서도 눈부신 경쟁력을 보이고 있다. 아이오닉5가 2022년 '올해의 월드카' 어워즈, EV6가 유럽에서 최고의 차로 선정됨으로써 기술과 디자인 면에서 경쟁력 우위를 과시했다. 그뿐만 아니라 UAM(도시 항공교통) 시스템에서도 의욕적인 기술 발전 계획을 내놓고 있다. UAM은 도시 공중을 날아다니는 자동차 운용 시스템이다. 이는 첨단 AI와 빅 데이터, 로봇 기술의 총합을 요하는 분야다.

정 회장이 처음 나온 포니 자동차의 모양을 보고 "꼭 꽁지 빠진 오리 모양 같다"고 "자동차는 내용도 중요하지만 껍데기가 예뻐야 소비자가 좋아하는데…"라며 맘에 안 들어 했지만 요즘 디자인 트렌

드가 그렇다는 전문가의 의견을 수용했던 때로부터 겨우 50여 년이 지난 오늘날 현대자동차그룹의 모습은 고인이 된 정 회장에게도 참으로 꿈같은 일이라고 할 수 있다.

정 회장은 이와 같이 중후장대한 국가 기간산업인 고속도로 건설, 조선, 자동차산업을 일으켰고, 나라 살림이 파산 직전에 이른 것을 중동 건설 진출을 통하여 나라를 구했다. 그리고 정 회장 자신 외에는 모든 여건상 누구도 가능성이 없다고 했던 88 서울올림픽 유치에 성공함으로써 한국의 위상을 세계에 드높이는 위업을 이룩하였다.

6.

"정 회장님, 사과드립니다"
피터 드러커 교수의 고백

한국 경제성장을 이끌었던 두 거인의
성공과 좌절의 순간들

1977년 10월 피터 드러커(Peter Drucker) 교수가 한국을 방문했을 때의 일이다. 그는 『단절의 시대』, 『위대한 혁신』, 『새로운 사회』, 『경영의 실제』 등 세계적 명저들을 내기도 한 당대 경영학의 태두로 불리는 학자였다. 그의 방한은 언론의 주목을 받았다. 그가 정 회장을 방문했다. 그는 정 회장을 만나자마자 첫마디 인사말에 "정 회장님, 만나뵈서 정말 반갑습니다. 우선 사과 말씀부터 드리고 싶습니다." 정 회장이 다소 당황해하며 말을 받았다. "교수님 무슨 말씀이십니까. 세계적인 경영학의 태두이신 교수님을 뵙게 돼서 제게는 큰 영광인데 사과라니 무슨 말씀이십니까?" "아닙니다. 지금 정 회장님이 저를 경영학의 태두라고 하셨는데 참으로 과분한 말씀이십니다. 정 회장님을 뵈니 부끄러울 따름입니다. 우선 저는 세계 2차 대전 이후 세계 각국의 경제성장 모델을 분석하고 그 미래를 전망했지만 한국처럼 식민지 피지배와 2차 대전과 6·25의 큰 전쟁을 치르고 극도의 빈곤과 열악한 여건에서도 급성장한 독특한 성장 모델에 대해선 충분히 알지 못했던 것이 부끄럽습니다. 또 이러한 전후의 폐허 속에서 한강의 기적을 선두에 서서 이뤄 낸 정주영 회장님과 같은 아주 독특하고 위대한 기업가 정신에 대해서도 충분히 연구를 하지 못했습니다. 제가 이런 점을 부끄럽게 생각하는 것은 바로 정회님께서 발휘하신 기업가 정신이 제가 평생 주창하고 가르쳐 온 핵심 사항인데 정작 이를 실천한 가장 극적인 사례인 정 회장님에 대해서 잘 모르고 있었다는 점입니다." 정 회장이 말을 받았다. "그렇게 과찬해 주시니 오히려 제가 부끄럽습니다. 제가 한 일은 그저 앞뒤 안 가리고 열심히 일한 것뿐입니다." "저는 어디까지나 한 사람의 학자일 뿐입니다. 제가 정주영 회장님을 뵙고 깨닫게 된 것은 경영은 학식과 머리로만 하는 것이 아니라는 것입니다. 그것은 단지 일부분뿐이라는 생각입니다. 기업가 정신은 머리가 아니라 타고난 가슴과 기질에서 나온다고 생각합니다. 수많은 위험 요소와 난관, 불확실성의 안개 너머 저편에 존재하는 사업 기회를 날카로운 예지력으로 갈파해 내고 이를 강력하게 밀고 나가는 혁신과 도전정신이라 생각합니다. 정 회장님은 이론 이전에 선천적으로 예지력과 리더십, 결행력을 타고나신 분이라고 생각합니다."

정 회장이 자주 썼던 "이봐, 해봤어?"는 그의 적극적인 도전정신을 잘 함축한 표현이다. 이 말의 배경은 다음과 같다. 어떤 프로젝트를 놓고 계열사 사장들과 추진 여부를 논의 할 때다. 그가 새로 추진하는 일이 대부분 그렇듯이 여러 가지 위험 요소와 불확실성이 도사리고 있었다. 그리고 이의 추진이 결정되면 담당 사장은 그 일을 수행하는 과정에 엄청난 스트레스를 견뎌 내야 한다는 것을 잘 알고 있었다. 그래서 그들은 가능하면 그런 사업을 추진하지 않았으면 하는 입장에서 부정적인 의견을 개진한다. 이를 알아차린 정 회장은 대뜸 말한다. "이봐, 해봤어?" 그를 채근하고 다그치는 매우 단도직입적인 표현이다. 그는 심기가 언짢으면 호칭에 '김 사장, 이 사장' 직함을 생략하고 "이봐"라고 부르는 습관이 있다. 그래서 '이봐'라는 호칭이 나올 땐 긴장해야 했다. 그는 사석에서 다음과 같이 말했다. "추진할 일이 방향이 맞으면 긍정적이고 적

이병철·정주영의 정도경영과 도전정신의 명암

극적인 생각을 해야 한다. 긍정적이고 적극적으로 임하면 안 보이던 길도 생각나게 된다. 위험 요소와 불확실성에 압도되면 있는 길도 안 보인다. 일이 어려우면 그 일은 성공하면 그만큼 가치가 있다는 이야기가 된다." 이 표현은 그의 도전정신을 잘 함축하고 있고 그의 일생을 통하여 일관되었다.

7.

장고 끝에 결행한
역사적인 '치밀한 모험'

한국 경제성장을 이끌었던 두 거인의
성공과 좌절의 순간들

　1983년 이 회장은 도쿄 선언을 통해 반도체산업 착수를 선언했다. 선언까지는 거의 10년이 걸렸다. 1974년, 이건희 회장이 개인적으로 겨우 이름뿐인 한국 반도체 지분의 50%를 50만 불에 사들이면서 시작되었다. 나머지 50%는 미국의 한 벤처 중소기업인 ICI가 가지고 있었다. 설계 능력도 없었고 직원도 몇십 명에 불과했다. 그 시절 한국 반도체의 전망을 아무도 내다보지 못했다. 한국 반도

　　　　이병철·정주영의 정도경영과 도전정신의 명암

체로 발령 받은 직원들은 사표를 내기가 일수였다. 그러나 삼성 내에서 아무도 신경을 안 쓰고 있을 때 젊은 이건희의 반도체산업에 대한 집념은 점점 집요해 가고 있었다.

그런데 여기서 나중에 삼성 회장이 된 이건희에 대하여 이야기를 하고자 한다. 이건희는 여러 면에서 신비한 면모를 가지고 있다. 그는 대중 앞에 서기를 꺼려하고 솔직한 성품으로 말을 꾸밀 줄 몰라서 종종 실수 아닌 실수를 했다. 그가 해외에서 기자들에게 한국의 경제는 2류쯤 되지만 정치는 3류라고 하여 당시 김영삼 대통령으로부터 곤욕을 치른 일은 유명하다. 한때 전경련 회장 물망에 올랐지만 이러한 리스크 소지 때문에 그룹 내 인사들이 만류했다고 한다. 그는 젊었을 때 교통사고로 허리를 다쳐 평생 불면증에 시달린 것으로 알려져 있다. 늘 진통제를 복용해야 했다. 잠을 잘 못자는 그는 독서는 별로 하지 못했던 것으로 알려졌다. 그러나 그는 NHK, BBC 등 다큐멘터리 광이었던 것으로 알려졌다. 그중에는 미래 기술과 공상 과학에 대한 것이 대부분이었다고 한다. 어떤 때는 잠 못 이루는 밤을 비디오테이프를 보며 꼬박 밤을 새웠다고 한다. 비서 팀과 해외 지사 직원 중에는 이들 비디오테이프를 조사하여 찾아내서 보내는 전담 직원이 있을 정도였다고 한다. 어쩌면 그의 상상력과 영감의 원천이 이로부터 비롯되었는지 모른다.

반도체산업은 여러 면에서 다른 산업과 대단히 다르다. 우선 엄청난 거대 자본이 초기는 물론 장시간에 걸쳐 투자되어야 한다. 견실한 기술 기반이 필요하고 전문 기술 인력을 요구한다. 그리고 출시까지 긴 개발 기간이 걸린다. 더욱이 전자 제품 중에서도 반도체는 개발한 제품의 기술 유효 수명이 가장 빠른 제품이다. 장시간에 걸쳐 엄청난 개발비를 들여 완성한 제품이 시장에서 매출이 채 이

이병철·정주영의 정도경영과 도전정신의 명암

루어지기도 전에 경쟁사에서 보다 성능이 좋고 싼 제품이 나오는 리스크가 상존한다. 그래서 1970년 대 상당히 앞섰던 일본 업체들도 고전하고 있었다. '돌다리도 두들겨 보고 건너'는 치밀한 이병철 회장 이 쉽사리 참여를 결정할 일이 아니었다, 이 회장 은 이건희의 반도체 사업 진출을 마지막으로 결정 하기까지 상당 기간 동안 반대했던 것으로 알려졌 다. 사실상 반도체사업을 시작, 성사시킨 것은 이 건희 회장이라는 이야기가 된다. 이건희를 지원하 고 나선 사람이 있었다. 삼성그룹의 원로 경영인 중의 한 사람인 강진구 회장이었다. 그는 서울 공 대 전기공학과 출신으로 삼성전자 회장을 맡고 있 었다. 이병철 회장이 매년 정초에 일본에 가서 경 제계 인사들을 만나고 TV와 신문에서 각계 전문가 들의 새로운 사업에 대한 특별 프로그램을 경청하 며 영감을 얻었던 소위 '도쿄 구상'이 이 회장의 마 음을 바꾸는 데 기여하였다고도 한다. 이렇게 결정된 삼성전자의 반도체산업은 그야말로 한국 경제사에 커다란 획을 긋는 계기가 된다. 삼성전자의 성장 과정에 있었던 흠결들을 다 만회하고도 남았다고 평가된다. 우선 삼성전자 자체로도 반도체에 힘입어 TV를 비롯해서 컴퓨터, 핸드폰, 통신 장비 등 일류 첨단 제품들을 경쟁국 일본을 제치고 세계 시장을 석권하는 데 결정적으로 기여하고 있다. 그리고 미래 자동차는 컴퓨터에 바퀴를 다는 형태를 취하게 된다고 하는데 선대가 그토록 숙원 사업이었던 자동차산업을 앞으로 이루게 될지도 모르는 일이다.

*   *   *

반도체산업도 대만의 TSMC를 비롯해서 세계의 경쟁사로부터 끊임없는 도전을 받게 될 것이다. 그러나 지금껏 도전이 없었던 시기는 없었다. 기업은 도전을 통해서 발전한다. 삼성전자 반도체 사업의 장래도 마찬가지일 것이다. 삼성 반도체는 오늘날 한국의 전체 수출의 20%를 점한다고 한다. 전체 생산량의 약 43%가 삼성 자체 생산품의 부품으로 사용되고 있다고도 한다. 반도체는 한 국가 경제의 버팀목이며 국가 안보의 자산이라고 할 만큼 중요시된다. 더욱이 다음 세계를 주도할 소위 게임 체인저로 인공지능과 이를 기반으로 한 생성형 AI인 GPT, 메타버스, 로보틱스, 우주 산업, 무한 에너지원 핵융합 인공태양, 바이오산업, 양자 컴퓨터, 5G 통신 같은 분야의 핵심 요소가 반도체다. 그래서 반도체산업을 새로운 문명 그 자체라고도 한다.

　반도체산업은 크게 두 가지로 나뉜다. 그 첫 번째가 메모리 반도체다. 간단히 말해서 데이터의 저장 기능을 갖는 반도체다. 이 분야에서 삼성은 세계시장 점유율 50% 이상을 점유하고 있다고 한다.

두 번째가 시스템 반도체다. 데이터의 제어, 연산, 가공하는 기능을 갖는다. 이 두 분야 모두에서 세계적 우위를 갖는 것이 삼성의 목표이며 국가적 목표이다. 시스템 반도체는 대만의 TSMC가 세계시장을 주도한다. 삼성은 시스템 반도체 부분의 열세를 극복하기 위해 과감한 투자 계획을 하고 있다. 반도체산업은 전자뿐만 아니라 기계공학, 화학공학, 재료공학, 물리학의 총화다. 그래서 반도체산업은 이들 첨단산업 분야의 발전을 이끄는 선순환의 기능을 한다.

반도체 기술은 세계 패권 전쟁의 핵심이다. 반도체 기술을 주도하는 나라가 세계 패권을 쥐게 된다는 이야기다. 또한 국가의 명운을 좌우하는 안보자산도 반도체 기술이 요체가 된다.

삼성은 이렇듯 '돌다리를 두드려 보는 신중, 치밀

함'도 부족하여 '남이 건너는 것을 보고 건넌다'는 정도경영의 틀을 깨고 이건희 회장 대에 이르러 과감한 도전정신을 발휘하여 한국 경제의 백년대계의 기반을 마련한 것이다.

*   *   *

이 회장은 중화학 공업이나 새로운 사업 진출을 고려할 때 다음과 같은 점을 고려해야 한다고 말했다.

"폭이 넓고 뿌리가 깊은 사회 경제적 여건이 갖추어져야만 비로소 가능하다. 방대한 자금의 조달 능력, 첨단을 달리는 고도의 기술, 각급 각종의 기술 인력의 지속적 공급, 다양하고 저렴한 원자재의 안정된 공급, 전문화되고 계열화된 관련 중소 생산 시스템의 확립, 국내외 시장을 개척하고 확보할 수 있는 경쟁력 확보 방안이 필요하다"고 말했다. 치밀한 계획의 정도경영에 맞는 말이다. 특히 반도체 사업에는 더욱 그렇다. 그러나 되돌아보건대 제아무리 삼성이라도 반도체 사업에 진출하기에 앞서 이러한 요건을 갖추었을까 하는 질문을 해 본다. 그렇지 못했다. 그래서 삼성의 반도체 사업 진출은 치밀, 정도경영을 크게 일탈한 일대의 모험이었다고 할 수 있다. 그리고 삼성은 한국 경제 발전에 새로운 이정표의 역사를 썼다.

8.

기술 강국 독일과 파독 광부,
간호사의 눈물,
그리고 한국 반도체 기술의 오늘

한국 경제성장을 이끌었던 두 거인의
성공과 좌절의 순간들

박정희 대통령은 1960년 초 의욕적인 경제 개발 5개년 계획을 시작했다. 그러나 앞길이 막막했다. 기술도, 경험도 없었고 무엇보다도 당장 무얼 해 볼 자본이 없었다.

우리 정부의 차관 요청에 그때까지 박 대통령의 5·16 혁명을 인정하지 않는 미국도, 이웃 일본도 외면했다. 가까스로 일말의 희망을 가지고 독일로 눈을 돌렸다. 독일 정부는 이 자리에서 자국의 인력난을 해소하기 위해 광부와 간호사들을 파견해 줄 것을 요청했다. 그리고 이것이 성사되었을 때 그들의 급여를 담보로 차관을 제공하는 것을 검토하겠다고 했다. 한국 정부에겐 절실한 마지막 기회였다. 1963년 12월 높은 경쟁률을 거쳐 선발된 247명의 광부가 파견되었다. 거의가 대학 졸업자들이었다. 1,200m 지하 막장에서 채광하는 위험하고 힘거운 노동 조건이었지만 가릴 형편이 못되었다. 오죽하면 이 지역 광부들 인사말이 '클뤠크 아우프(Glueck auf)—죽지 말고 살아서 올라오라'였다고 한다. 얼마나 위험하고 힘든 노동 환경임을 말해준다.

이후 약 일 년이 지난 1964년 12월 10일 박정희 대통령이 독일을 방문해서 광부들을 만난 자리에서였다. "여러분, 만리타향에서 상봉하게 되니 감개가 무량합니다. 나라가 가난해서 사랑하는 가족과 조국을 떠나 남의 나라에 와서 얼마나 노고가

이병철·정주영의 정도경영과 도전정신의 명암

많으십니까. 이곳의 외국인 근로자 중에 한국인이 가장 근면하다고 하니…" 루르 지방 함보른 광산의 강당, 300여 명의 파독 광부들 앞에선 박정희 대통령은 계속 말을 이을 수가 없었다. 복받치는 감정에 목이 메었고 눈물이 시야를 가려서였다. 곳곳에서 흐느낌이 시작되었다. 애국가가 시작되자 강당은 눈물바다가 되었다. 박 대통령도 함께 울었다. 가까스로 감정을 추스른 박 대통령은 말을 이었다. "가족이나 고향 생각에 괴로움이 많을 줄 알지만, 비록 우리 생전에는 이룩하지 못하더라도 후손을 위해 번영의 터전만이라도 물려주기 위하여 우리 열심히 일합시다." 박 대통령은 더 이상 말을 잇지 못했다.

이후 1966년 간호사들이 파독되었다. 이들의 근무 환경 역시 열악하기는 마찬가지였다. 대부분이 주로 시체를 씻는 것 같은 현지 간호사들이 기피하는 일이 맡겨졌다. 그러나 열심히 일했다.

이들 중 상당수가 근무 기간을 마치고 현지에 체류하여 만학을 하여 대학 교수, 의사 등 전문직과 예술 분야에도 진출하여 화가, 음악가로 활동했다. 당시 파독 광부나 간호사들의 인력 수준을 말해 주는 대목이다.

*　　　*　　　*

독일은 세계 첨단 과학과 공업 기술 국가다. 지난 2022년 11월 독일의 프랑크발터 슈타인마이어 독일 대통령이 방한하였다. 윤 대통령을 만난 다음 날인 11월 5일 곧바로 경기도 평택 삼성 반도체 공장을 찾았다. 그는 삼성 고위 임원의 손을 꼭 잡고 "독일에 반도체 공장을 지어 달라"고 간곡히 부탁했다고 한다. 차관 교섭을 위해 사정했던 불과 60

여 년 뒤의 일이다. 삼성 반도체의 국제적 위상이
이루어 낸 기적이라고 할 수 있다.

9.

정주영 회장의 호기가 놓친 절호의 기회

한국 경제성장을 이끌었던 두 거인의
성공과 좌절의 순간들

'선언'이 여러 사람 앞에서 어떤 계획을 말하는 것이라면 이병철 회장의 1983년 반도체 사업에 대한 '도쿄 선언'에 앞서 1982년 초 정주영 회장의 전경련 회장단 연례 기자회견장에서 먼저 현대의 반도체 사업 진출을 선언했다. 다만 차이가 있다면 이 회장이 거의 10년에 가까운 치밀한 장고와 준비 끝에 한 선언에 비해 정 회장은 불과 몇 년 사이 계획 과정을 거쳐 발표한 것이다. 역시 정 회장 특유

이병철·정주영의 정도경영과 도전정신의 명암

의 모험과 도전정신이 담겨 있는 차이점이 있을 뿐이다. "정 회장도 반도체를 할 거란 말이요?" 정 회장의 발표를 듣고 옆에 있던 LG의 구자경 회장이 불편한 심경을 불끈 드러냈다. 구 회장도 금성일렉트론(후에 LG반도체) 반도체 출범을 준비하고 있던 차였다. 구 회장과 정 회장은 구 회장이 열 살 아래였지만 구 회장도 정 회장을 따랐고 정 회장 역시 꾸밈없는 구 회장의 성격을 좋아해서 둘은 격의 없는 사이였다. "아, 이 사람은 또 이러네. 걱정 말아요, 나는 해외 시장을 목표로 하고 있으니 당신네 회사는 신경 안 써도 돼요, 하하하."하고 웃어 넘겼다. 그러자 구 회장이 되받았다. "정 회장이 무서워서가 아니오. 모르는 반도체를 괜히 손댔다가 중동 건설에서 벌은 돈을 다 까먹을까 봐서 걱정이 돼서 하는 소리요." 두 사람의 우정 어린 설전은 일단 이렇게 끝났다.

사실 LG는 삼성과 마찬가지로 이미 기반을 잡은 TV, 컴퓨터, 냉장고, 에어컨 등 가전제품을 생산하는 한국의 중진 가전 업체였다. 생산될 반도체 자체 수요 기반이 있었다. 그러나 현대에는 이 분야에 어떤 것도 없었다. 투박하게 표현했지만 구 회장의 말에 일리가 있었다. 이렇게 해서 현대 하이닉스 반도체가 출발하게 되었다. 같은 해에 세계 반도체산업에 막강한 영향력을 가진 IBM의 국제 담당 파이퍼 회장이 방한하여 이병철 회장을 방문한 뒤 정 회장을 만난다. 당시 정 회장을 만난 자리에서 반도체 사업 얘기 끝에 IBM 회장은 사담으로 "이병철 회장은 골프를 좋아하고 홀인원을 두 번이나 했다고 하던데 정 회장은 어떠신지요?" 정 회장이 바로 대답했다. "나는 골프를 치기는 하지만 프로 선수들도 평생 치기가 어렵다는 홀인원 같은 행운을 어디까지나 하나의 놀이인 골프에 쓰고 싶진 않겠습니다. 당신네 회사와 사업하는 데 쓰고 싶습니다." 역시 정 회장다운 순발력 있는 조크였다. "아, 저도 그렇기를 바라겠습니다. 하 하 하!"

그 후 IBM하고 협력은 이루어진 것으로 알려졌지만 반도체산업의 속성으로 미루어 볼 때 신참 현대하이닉스에게는 극복해야 할 어려운 난관이 많았다. 더욱이 삼성은 삼성이 생산하는 반도체의 상당 부분을 고급 가전제품 제조에 사용하는 자체 수요 기반을 가지고 있었으나 현대는 그렇지 못한 것이 큰 제약 사항이었다.

이때 얼마 후 정 회장에게 절호의 기회가 찾아왔다. 당시 가전 3사 하면 삼성, LG, 그리고 대한전선이 있었다. 대한전선은 TV, 컴퓨터, 음향기기, 냉장고 등을 생산하고 있었다. 대한전선의 설원량 회장은 서울 상대 일이 년 동문인 현대그룹의 음용기 등 인맥을 통하여 부진했던 대한전선의 매각 의사를 타진했다. 보고를 받은 정 회장은 속으로는 쾌재를 불렀다. 그리고 매각 가격을 들은 정 회장은 특유의 호기를 부렸다. "이봐, 장사가 안돼서 내놓는 회사를 부르는 값을 다 주고 사는 사람이 어디 있어." 당연한 이야기일 수 있다. 그리고 상당히 디스카운트 된 가격을 가지고 협상할 것을 지시하였다.

현대 담당자는 이 말을 설 회장에게 전했다. 이 말을 들은 설 회장은 모욕감에 몹시 흥분하였던 것으로 전해진다. 그때까지 해외 판매망이 거의 없던 대한전선의 가전제품들은 김우중 회장의 대우를 통해서 수출하고 있었다. 김 회장과 설 회장은 경기고등학교 선후배 사이로 개인적으로도 호형호제하며 친분이 두터운 사이였다, 설 회장은 김 회장을 찾아갔다. "형님, 현대보다 덜 받아도 좋습니다. 어차피 우리 제품을 주로 대우가 수출하고 있으니 이참에 우리 회사를 형님이 인수하십시오." 이렇게 해서 대한전선은 대우한테 넘어갔다.

이병철·정주영의 정도경영과 도전정신의 명암

가전제품의 생산 라인을 갖춘다는 것이 단시일 내에 돈으로만 해결될 수 있는 것이 절대 아니다. 생산 설비는 어느 정도 시간을 가지고 해결한다 해도 문제는 기술 인력 확보다. 한두 명도 아니고 적어도 수백 명의 경험 있는 가전제품 기술자들을 확보한다는 것은 천하의 정주영 회장에게도 가능하지 않은 일이다. 유일한 해결책은 기존의 가전 업체들로부터 기술자들을 돈을 더 주고 빼 오는 방법이다. 그런데 공교롭게도 뜻밖에 일이 발생했다. 한창 호황으로 사세를 확장해 가는 대기업들이 모든 분야의 인력을 중소기업으로부터 빼 가고 있었다. 심각한 문제가 되고 있었다. 중소기업은 급여나 복지 등 대기업과 경쟁하는 수가 없었다. 이를 보다 못한 중소기업중앙회 김봉재 회장이 "나사못을 박든 드라이버를 제대로 쓸 줄 알거나 장부기장을 할 줄 아는 인력을 대기업이 다 뺏어 가고 있다. 정부에서 특단의 조치를 취해서 막아 주지 않으면 중소기업이 다 망할 것이다."라며 대통령과 정부, 언론에 호소했다. 백번 맞는 말이었다. 정부는 관계 법령을 공포하고 이를 금지시켰다. 이렇게 하여 현대하이닉스가 종합 가전 회사를 갖춘 반도체 업체로 변신하는 데 실패한다. 외국과 제휴하여 바텔이라는 전화기를 생산해 보았지만 역부족이었다. 만약 당시 대한전선을 인수했더라면 현대하이닉스와의 시너지 효과를 바탕으로 삼성, LG전자와 함께 명실공히 종합 가전 업체로 발전하여 후에 현대하이닉스를 내놓지 않을 수도 있지 않았나 생각해 본다.

10.

비서실

한국 경제성장을 이끌었던 두 거인의
성공과 좌절의 순간들

　비서실의 규모와 운영 형태는 최고 경영자의 경영 스타일, 개성, 그리고 인간적 면모와 크게 관련이 있다. 삼성의 경우 우선 그 규모가 대단히 방대했다. 회장을 최측근에서 수발하고 보좌하는 비서팀과 실제적으로 그룹 전체 계열사들을 모니터링하고 감사하는 총괄 비서실 조직으로 나누어진다. 인원 구성도 회계사를 비롯하여 여러 기술 분야 전문가, 홍보, 인사, 기획, 전략, 의전과 개인 자금 관리 등으로 짜인다. 인원 규모도 그만큼 클 수밖에 없다. 회장에게 보고되는 사항들은 사전에 비서실 장을 거쳐 취합, 정리된다. 따라서 비서실장은 실제적으로 여느 계열 회사 사장들보다 위에 있다. 권한과 영향력이 막강할 수밖에 없다. 이러한 것을 잘 아는 이병철 회장은 이로부터 오는 부정적인 영향을 막기 위하여 아무리 유능한 사람이라도 2~3년 이상 그 자리에 두지 않고 교체하는 것을 원칙으로 삼았다. 그런데 이건희 회장 대에 와서 변화가 생겼다. 이건희 회장의 경영권 승계와 정착 과정에 이학수 비서실장은 재무 전문가로 눈부신 기여를 하였다. 이건희 회장은 그에게 의존할 수밖에 없었다. 그래서 그는 10년 넘게 자리를 지켰다.

이에 비하여 현대 정 회장의 비서실은 큰 대조를 이룬다. 우선 비서실은 비서 팀 위주로 꾸며진다. 인원도 단출했다. "유능한 인재가 비서실에 오래 있으면 실무를 못 배워." 그래서 그는 불편해도 한 사람을 비서실에 오래 두지 않았다.

김재수, 이전갑 등이 대표적인 케이스다. 그런 정 회장이 말년에 와서 이 원칙을 바꾸게 된다. 10년을 넘게 정 회장을 보좌한 이병규가 바로 그다. 정 회장의 그에 대한 신뢰와 총애는 대단했다. 정 회장이 그를 놓지 못한 것은 정 회장이 대선 출마를 염두에 두고서부터다. 그만큼 정 회장의 개인적인 성향을 잘 이해하고 그룹 내외의 인맥 관리의 지속성을 유지하는 데 필요했기 때문이었다. 그는 대선 여파로 김영삼 정부 때 옥고를 치르기도 했다. 또 그만큼 이병규는 혼신을 다해 정 회장을 위해 헌신했기 때문이라고 할 수 있다.

11.

절대 건드리지 말았어야 했던 역린

한국 경제성장을 이끌었던 두 거인의
성공과 좌절의 순간들

이병철 회장 비서팀장으로 정준명이란 사람이 있었다. 그는 전자공학을 전공한 엔지니어였다. 신언서판을 갖추고 용모가 단정한 사람이었다. 이 회장이 선호했다는 전형적인 '삼성맨'이었다. 그는 1970년대 초 전자 기술자들을 대상으로 일본에 파견할 요원을 선발하기 위해 실시한 일본어 시험에서 최고 점수를 받았다. 그는 거의 독학으로 일본어를 공부한 결과라고 한다. 전자공학을 전공했지

이병철·정주영의 정도경영과 도전정신의 명암

만 외국어에 소질이 있는 그는 불어와 영어 실력도 뛰어났다고 한다. 그가 이 회장과 인연을 맺게 된 것은 1976년 후반 이 회장이 일본에서 위암 수술을 받고 입원을 하게 되면서부터였다. 이때 이 회장의 옆에서 정준명은 24시간 개인 수발을 담당하게 된다. 능통한 일본어 실력에 원래 매사에 성실하고 붙임성이 있는 그는 이 회장의 맘에 쏙 들었다. 정준명이 겨우 과장 때 일이다. 이 회장이 "정군아, 왜 내가 정군을 이제 서야 발견했노."라고 한 이야기는 일부 언론에도 보도되어 삼성 내부에서도 유명한 이야기가 되었다. 이 회장이 정준명을 얼마나 신뢰하였나를 잘 이야기해 주는 대목이다. 이 회장이 암 치료를 마치고 귀국한 얼마 후 정준명은 이 회장 비서팀장으로 발령을 받아 그때부터 오랫동안 이 회장을 최측근에서 보좌하게 된다. 어느 날 출근길 차 안에서 있었던 일이었다. 그날도 정준명은 승용차 앞좌석에 동승하여 이 회장의 출근길을 수행하고 있었다. 이때 이 회장이 눈을 감고 깊은 생각에 잠기는 듯하더니 정준명에게 넌지시 말을 건넸다. "정군아, 이제 내가 현역에서 물러날 때가 되었지?" 순간 정준명의 머리에는 위암 수술을 받은 이 회장의 건강 문제가 떠올랐다. "네, 회장님, 저도 그렇게 생각합니다." 그 말에 이 회장의 반응이 없는 듯했다. 백미러로 뒷자리에 기대어 있는 이 회장의 표정을 살폈다. 눈을 감고 있는 이 회장의 심각하게 굳어있는 표정에서 정준명은 일순간 아차 하는 생각이 들었다.

문제는 그 후부터였다. 이 회장이 정준명을 대하는 것이 전과는 너무나도 달라지기 시작했다. 사소한 일에도 짜증을 내고 매사 불평을 하며 심지어는 눈물을 보이는 일까지 있었다. 노년에 들어 수명에 대한 집착이 그토록 강했던 것을 정준명은 미처 몰랐던 것이었다. 마치 '내가 너를 그토록 신뢰하고 아꼈는데 너마저도…'하는 것 같았다. 평생을 그토록 열정적으로 살아왔고 앞으로 할 일에 대한 욕심이 많았던 이 회장에게는 남은 수명에 대한 애착이 처절할 정도로 절실했던 것인지 모른다. 수술 후 건강 문제가 자신을 위협해 오면서 역설적으로 그러한 생각이 더욱 강렬해지고 있었기 때문이라고 생각할 수 있다. 이 회장의 이러한 반응은 계속되었다. 대기업 총수 비서실 분위기로는 심각한 문제였다. 이를 간파한 이건희 부회장은 정준명을 삼성전기(오늘날의 삼성 SDI) 경영 기획 실장으로 전보발령 했다. 이후 정준명은 이건희 회장의 비서팀장으로 발령 받았다. 이로써 정준명은 2대에 걸쳐 재계에서 비서팀장을 역임하는 기록을 남겼다. 그후 그의 일본 전문성을 활용하기 위해 일본으로 발령 받는다. 원래 엄청난 독서광인 그는 일본의 기술 전문 전략 기획통이 되었다. 일본과 기술 협력에 관하여 그가 본사로 보내는 보고서는 삼성의 대일본 전략 수립에 중요한 자료가 되었다. 삼성 재팬 사장직을 마지막으로 삼성을 떠났다. 그의 전문성을 살려서 김 앤 장에 일본 담당 고문으로 재직했다.

*   *   *

한편 정주영 회장 측근으로 정희영이라는 인물이 있었다. 혹자는 그의 이름 때문에 정 회장의 인척 형제뻘 되는 인물로 알고 있지만 원래 사실이 아니다. 1965년 25세 때 현대건설 공채로 입사 했다. 서울 상대를 졸업한 엘리트였다. 후에 하버드 비즈니스 스쿨을 나왔다. 그는 정 회장의 사위다. 정 회장의 유일한 딸 정경희 씨의 남편이다. 정희영의 인물됨을 보고 직접 선택했다고 알려졌다. 그는 1970년대 초 런던에 있는 현대의 유럽 본부장에 부임하였다. 이 기간 동안 그는 조선과 자동차 사업 초기 투자 유치, 기술제휴, 판로 개척에 정 회장을 도와 눈부신 활동을 한 인물로 알려졌다. 그 후 그는 현대종합상사 사장 등 요직을 맡으며 그룹의 핵심 인사로 부상했다. 정 회장은 외국 기업인들에게 "정 사장은 내 사위인데 잘생기고 유능해서 내 아들들보다 자랑스럽고 내가 신뢰하는 사람이다."라고 소개하곤 했다. 정 회장에게는 매우 드문 일이었다. 그만큼 그를 신뢰했고 자랑스러워했다. 그도 장인이자 그룹 총수인 정 회장에게 남다르게 충심을 다해 보좌하는데 각별하였다. 때로는 격의 없이 솔직한 의견 개진을 정 회장에게 하는 사이로 알려졌다.

1980년대 중반 어느 날 현대그룹에서 스타였던 그가 하루아침에 갑자기 사라졌다. 그의 위치가 위치였던 만큼 그 배경에 대하여 이야기가 분분했다. 아내 정경희 몫에 대한 정 회장의 재산 분배 때문이라는 등 추측이 많았다. 그 정확한 이유는 한동안 알려지지 않았다. 세월이 지난 후 정희영의 동년배 친구로 현대조선 간부로 있었던 사람에 의해서 알려지게 되었다. 어느 날 정 회장의 측근으로 마침 현장에 있었다고 한다. 정희영은 장인 정주영 회장에게 경영 일선에서 한발 물러서서 후계 구도를 준비하는 것이 좋겠다고 말했다고 한다. 이미 70대로 접어든 장인 정주영 회장의 건강과 아울러 그룹 내 새바람을 일으킬 필요에서 했을 충정에서 나온 솔직한 조언이었을 것이다. 그러나 정 회장의 반응은 대노였다. 그리고 그렇게 아꼈던 사위 정희영을 즉각 그룹에서 물러나게 했다. 그룹 내에서 그러한 생각이 다시는 일지 않게 해서였다. 정 회장의 면모를 보여 주는 처리 방식이었다. 평생을 많은 일을 하며 치열하게 살았던 사람들은 노령기에 접어들수록 짧아지는 남은 생에 대한 집착과 욕심이 그만큼 더 강해지는 것인 듯하다. 이것은 앞서 이병철 회장의 경우도 같다. 그로부터 약 10년

이병철·정주영의 정도경영과 도전정신의 명암

이나 지난 1992년 정 회장이 통일국민당을 창당하고 대통령 출마를 선언하는 기염을 토한 것을 보면 정희영이 장인 정주영 회장의 마음 깊숙이 자리 잡고 있던 생각을 얼마나 잘못 읽었나를 말해 준다. 정희영은 현대를 떠난 후 예인선 사업체인 선진해운과 천마산 스키장을 운영했다.

12.

할 일 많은 세상에 가는 세월을
붙잡고 싶었던 총수의 애창곡

한국 경제성장을 이끌었던 두 거인의
성공과 좌절의 순간들

정 회장은 보통학교 시절 미술과 음악만 빼놓고 나머지는 반에서 제일 잘했다고 했다. 그러나 그의 노래 실력은 수준급이었다. 음정과 박자도 비교적 정확했다. 우선 목소리는 미성은 아니나 매우 우렁 찼다. 이동 중에 차 안에서 카세트테이프를 틀고 열심히 연습했다고 한다. 수련회 같은 데서 젊은 직원들과 어울리기 위해서다.

우선 그의 18번 애창곡은 송대관의 〈해뜰날〉이

었다.

"쨍하고 해뜰날 돌아온단다.

쨍하고 해뜰날 돌아온단다.

꿈을 안고 왔단다 내가 왔단다.

슬픔도 괴로움도 모두 모두 비켜라."

정주영 회장은 반주에 맞추어 몸을 마음껏 흔들며 노래를 열창했다. 마치 정주영 회장의 한과 성공으로 점철된 역정을 담은 듯한 가사다.

흥이 무르익을 때쯤 부르는 또 한 가지 노래가 있었다. 서유석의 〈가는 세월〉이었다.

"가는 세월 그 누구가 잡을 수가 있나요?

흘러가는 시냇물을 막을 수가 있나요?

아가들이 자라서 어른이 되듯이

슬픔과 행복 속에 우리도 변했구료."

이 노래를 부를 때는 늘 목소리가 숙연해지곤
했다.

끊임없는 열정과 도전으로 살아오고, 아직도 할
일이 많은 정 회장이 어쩔 수 없이 느끼게 되는 유
수와 같은 세월의 흐름에 대한 안타까운 아쉬움 때
문일 것이다.

이병철·정주영의 정도경영과 도전정신의 명암

13.

맺힌 갈등과 사감의 충돌,
그리고 용서와 화해의 용기

한국 경제성장을 이끌었던 두 거인의
성공과 좌절의 순간들

정주영 회장과 이병철 회장은 거의 모든 면에서 대조를 보였다. 정 회장의 중동 진출, 이 회장이 이루지 못한 자동차공업을 정 회장이 성공시키고 거기다 올림픽 유치도 성공시켜 사회적인 명성이 날로 높아지고 있었다. 이런 정 회장을 보는 이 회장의 심기가 편하지만은 않았을 것이라고 짐작이 간다. 더욱이 정 회장은 반도체까지 진출하고 있었다. 이때 중앙일보에서 정 회장 신변에 관한 가십 기사가 났다. 이 회장 쪽에서 누가 시켰는지는 모르지만 정 회장의 조카 한 사람이 한 명문 사립대학에 기여금을 내고 들어간 것을 가십 형태로 기사화하면서 발단이 되었다. 1980년대 초반의 일이었다. 정 회장은 격노했다. "그래 내가 아비 없는 조카를 기여금을 내고 대학에 입학시켰다. 그걸 가지고 신문에 낼 일이냐. 자기는 신변에 그만한 흠이 없단 말이냐." 정 회장은 즉각 대응 팀 구성을 지시했다. 그리고 이 회장의 삼성그룹의 흠이 되는 기삿거리를 찾아 나섰다. 용인 자연농원에서 가축의 분뇨 폐수를 정화하지 않고 배출하는 것을 찾아냈다. 즉각 현장 사진과 함께 동아일보에 기사화했다. 이렇게 시작된 이 회장과 정 회장의 인신공격성 싸움이 한동안 지속되었다. 이를 보다 못한 재계 원로 중 한 사람인 김용완 회장이 나섰다. 김 회장은 경방 회장으로서 전경련 명예 회장이었다. 그리고 이 회장이나 정 회장 모두 존경하는 원로였

이병철·정주영의 정도경영과 도전정신의 명암

다. 이렇게 해서 사소한 일로 시작된 두 사람의 감정적 대립은 겨우 봉합이 되었다.

이런 일이 있은 이후 시간이 지나 1985년이 되었다. 이해는 정주영 회장의 7순을 맞는 해였다. 전경련 회장단을 비롯하여 재계 원로들이 모여 전경련 건물 23층에 있는 연회장에서 축하연을 마련했다. "인생칠십고래희라고 해서 나이가 칠십이 되면 이렇게 축하연을 해 주는데 사실 저는 민망합니다. 왜냐하면 요즘은 엔간하면 다들 칠십을 넘겨서 사니까 인생칠십고래희가 아니라 고래다입니다. 그래서 고희가 아니라 고다라고 해야지요, 하 하 하!" "역시 정 회장다운 명언이야!" 좌중에서 박수가 터져 나왔다. 이때 아래층 로비에서 연락이 왔다. 이병철 회장이 왔다는 것이었다. 장래가 술렁였다. 행사를 준비한 전경련 사무국이나 누구도 이 회장의 참석을 연락받지 못했기 때문이다. 황급히 사무국 임원들이 로비로 내려갔다. 이병철 회장은 암 수술 후 한 번도 외부에 모습을 보이지 않았던 터다. 이 회장은 링거 수액 병을 단 병원 휠체어를 타고 있었다. 간호사가 휠체어를 밀고 의료진이 동반하고 있었다. 이때 이 회장의 모습은 창백할 대로 창백해 있었다. 도저히 외출할 수 없는 상태였다. 서둘러서 23층 연회장으로 올라갔다. 이 회장의 휠체어가 장래에 들어서자 모두 기립하여 박수를 보냈다. 거기 모인 경제계 인사들은 그동안 두 사람 사이에 있었던 사정을 잘 알고 있었기 때문이다. 정 회장도 놀라움과 감격한 표정이 역력했다. 이어서 이 회장은 수행한 비서가 안고 온 회갑 선물 상자를 정 회장에게 내밀었다. 정 회장은 조심스럽게 상자를 열었다. 상자에서 커다란 달항아리 백자가 나왔다. 백자에는 정 회장이 한국 경제 발전에 기여한 공헌을 기리는 헌시가 적혀 있었다. 분명히 오랜 기간 준비한 것이 분명했다. 이 회장

이병철·정주영의 정도경영과 도전정신의 명암

은 건강 때문인지 축하의 미소를 보낼 뿐 말을 거의 하지 않았다. 아니 못했다는 표현이 맞다. 정 회장의 환한 미소와 간단한 감사의 말이 있었다. 이날 극적인 이 회장의 출현으로 두 사람의 갈등은 말끔히 해소되었다. 인간에게 있어서 용서는 가장 위대한 용기라고 했다. 하물며 개성과 자존심이 그토록 강했던 이 회장의 용서와 화해의 용기를 사람들은 오래 기억할 것이다.

이것은 이 회장이 100년을 내다본 큰 화해의 용기였던 것이다. 이 회장은 이런 일이 있은 지 이태 후인 1987년 향년 77세로 타계한다.

14.

이건희 회장의 위기,
그리고 '친위 쿠데타'

한국 경제성장을 이끌었던 두 거인의
성공과 좌절의 순간들

치밀한 이병철 회장은 자기를 승계할 젊은 이건희가 능력에 비하여 특히 대외적으로 대인 관계에 미숙하다는 데 불안을 느꼈다. 어느 나라에서이건 대기업의 총수는 특히 그룹 외의 다른 총수들과의 인간관계나 정치적인 문제로부터 자유로울 수 없기 때문이다. 정치적으로 불안한 시기는 더욱이 그렇다는 것을 이병철 회장 자신이 누구보다도 체험을 통하여 뼈저리게 느끼고 있었다. 그리고 이건희가 이병철 회장을 승계하여 삼성이라는 거함을 끌고 나가야 할 앞으로의 장래는 노회한 그의 지혜와 판단으로 볼 때 많은 풍랑의 시기가 올 것을 예상하고 있는 터였다.

한편 이즈음 정주영 회장은 신군부와 심한 갈등 관계에 있다가 정 회장의 88 올림픽 유치를 기화로 특히 전두환 대통령과 친밀한 관계를 유지하고 있던 시기였다. 이 회장도 장고와 치밀한 계획 끝에 1986년을 기하여 신현확 전 총리를 영입하기로 한다. 신현확은 누군가? 그에 대한 배경 설명이 필요하다. 그는 1920년생으로 이병철 회장보다 10년 후에 태어났다. 경성제대(오늘의 서울대) 재학 중 일본 고등 문관 시험에 합격해서 일제 때 관문에 등용되었다. 해방 후 장택상의 천거로 관문에 복귀하여 이승만 대통령에게 실력을 인정받아 39세의 나이로 부흥부(지금의 재경부) 장관에 임명되었다. 4·19와 5·16혁명으로 장장 2년 7개월의 옥고를 치른다. 1975년 박정희 정권 때 관계에 복귀하여 보사부 장관, 1978년 부총리를 지냈다. 박 대통령 서거 후 국무총리가 되었다. 박 대통령 시해 때 시해 당사자인 김재규 중앙정보부장이 국무원들에게 즉각 비상계엄을 선포할 것을 요구하는 데 반대하여 먼저 박 대통령의 시신부터 함께 확인할 것을 요구했다. 이로써 김재규가 현장에서 체포되면서 극적으로 시국의 국면 전환의 계기가 되었다고 한다. 그는 이런 면에서 많은 일화를 남긴 사람이다. 앞서 자유당 시절 30대의 막내 장관인 그를 이승만 대통령은 각별히 총애하였다고 한다. 그는 이승만 대통령에게 애국가 가사를 바꿔야 한다고 건의했다고 한다. 이유인 즉 "동해물과 백두산이 마르고 닳도록"에 '마르고 닳도록'이 논리적으로 상서롭지 못하기 때문이라고 한다. 그리고 박정희 대통령이 신현확을 기용하게 된 것도 신현확이 2년 7개월 형을 선고받는 재판 최후 진술에서 "나의 형량을 징역형이 아닌 사형으로 해야 한다. 왜냐하면 한 장관으로 유죄 여부를 떠나 몸담았던 정부가 혁명으로 전복되었는데 각료의 한 사람으로서 책임은 사형이 마땅하다.”라고 했다고 한다. 이 녹취록을 박 대통령이 듣고 그의 인물 됨을 알아봤다고 한다. 이런 사례에서 보듯이 신현확은 강직하고 항상 원칙을 강조한 대쪽 같은 행적으로 일관한 사람이었다. 그는 이러한 배경으로 현직과는 무관하게 명실공히 당시 실세를 이루고 있던 TK(대구 경북) 인맥의 막후 대부로 불리던 인물이다. 특히 노태우 대통령 시기에는 경제 각료 인선 때 신현확의 의견을 중요시했다는 설도 있을 정도였다.

이런 점에서 이병철 회장이 자신의 여생이 오래지 않을 것을 예측한 시점에서 신현확을 이건희의 후견 역으로 선택한 것은 절묘했다고 본다.

오늘날 지주회사 격인 삼성물산의 회장으로 취임하였다.

신현확은 이병철 회장이 타계한 후로 삼성 물산의 회장으로 있으면서 이건희 회장을 주의 깊게 봐왔다. 이 과정에서 그는 국민 경제에서 삼성이 차지하는 비중으로 볼 때 더 이상 개인에 의해서 좌우되는 시기가 지났다는 생각을 갖게 된 것으로 알려졌다. 그래서 그는 반도체를 포함하는 삼성전자를 제외하고서라도 삼성그룹 지배 구조를 바꿔 보려는 생각을 갖게 되었다고 한다. 자유 시장경제에서 기업의 지배 구조의 관건은 결국 주식 지분 싸움이 승패를 결정한다. 그래서 그는 이건희 회장 체제에 호의적이지 않은 그의 형제자매들을 막후에서 접촉하며 은밀히 계획을 추진했다고 한다. 그런데 이런 계획을 이건희 회장 측에서 파악했다. 삼성생명이 가지고 있던 소액 주주들을 미리 규합하여 전격적으로 상황을 역전시켰다고 한다. 이때 주역을 한 공신은 이학수였다고 알려졌다. 원래 재무통인 그의 실력을 십분 발휘한 결과다. 이건희는

이병철·정주영의 정도경영과 도전정신의 명암

신현확을 바로 해임했다. 이렇게 '내부 친위 쿠데타'라고 할 수 있는 싸움은 종결되었다. 이를 기회로 이 회장은 더욱 이학수에 의존하게 되었다. 이학수도 비서실장으로 장기간 자리를 유지하며 그룹 내에서 실질적인 2인자의 위치를 지키게 된다.

15.

"회장님 앞에서 함부로
웃지 마십시오"

한국 경제성장을 이끌었던 두 거인의
성공과 좌절의 순간들

이 회장은 자신의 호인 호암(湖巖)의 뜻을 자서전에서 다음과 같이 밝혔다.

'호수마냥 맑은 물을 잔잔하게 가득 채우고, 큰 바위처럼 준엄하게.'

이는 그의 평생 일관했던 그의 사고방식이나 정서 구조를 잘 나타내고 있다고 할 수 있다. 이러한 그의 인간적인 면모는 그를 가장 가까이 보좌하는 비서실 분위기에 잘 나타난다.

삼성은 1986년 그룹 내의 싱크 탱크로 삼성경제연구소를 설립하고 초대 소장으로 한국은행 출신 임동승을 영입하였다. 대체적으로 연구소 출신들의 심성이 비교적 자유롭지만 유독 그는 얼굴에 항상 미소를 머금은 개방적이고 낙천적 성격을 가지고 있었다. 회의 중이나 개별적으로 이 회장을 대할 때 늘 미소를 머금은 얼굴로 대했다. 어느 날 임 소장이 출근해 보니 책상 위에 메모가 한 장 놓여 있었다. "회장님 앞에서 함부로 웃지 마시오. 회장님께서 불편해 하십니다."

이처럼 이 회장은 항상 근엄한 분위기로 주위를 이끌었고 좀처럼 유머를 쓴다거나 하는 일이 없었다. 그래서 그가 남긴 사진 중에 파안대소하는 모습은 매우 드물다.

이에 비하여 정 회장은 크게 대조된다. 천성이 보다 낙천적이고 유머를 좋아했다. 비서진들과의 대화도 개방적이었다. "그 친구 말이야, 전에는 사람이 안 그렇더니 국회의원이 되고서 많이 달라졌어. 그렇지 않아?"라든가 "자동차는 결국 동력 장치에 바퀴와 운전대를 단 것이야. 어렵게 생각하면 끝이 없어. 자동차는 성능도 중요하지만 껍데기도 중요해. 그래야 사람들이 좋아하거든." 등 자신의 생각을 옆에 있는 비서에게 불쑥 꺼내 말하기도 했다. 비서들도 대체로 정 회장의 이런 성격에 호응하는 사람들이었다. 특히 이전갑, 이병규가 그랬다. 의관에 관해서도 마찬가지였다. 정 회장의 여러 번 창갈이를 한 낡은 구두는 유명한 이야기다. 부인 변중석 여사가 집에서 손수 뜨개질을 해서 만든 굵은 초록색 실로 짠 조끼는 날씨가 추워지면 늘 정 회장의 애용품이었다.

어떤 때는 정 회장의 양복 색과 어울리지 않아 소탈하기보다 다소 촌스러워 보이는 때가 종종 있었다. 정 회장은 개의치 않았다. 정 회장은 "겨울에 입을 것과 여름에 입을 양복 한 벌씩이면 됐지 뭐 하러 쓸데없는 데 돈을 써."라고 말하곤 했다. 해외 출장 때는 변 여사가 싸 주는 된장과 풋고추를 챙기는 것으로도 유명했다.

한편 이 회장은 항상 옷차림이 대단히 깔끔하고 세련되어 있었다.

16.

만두소를 해체하여
분석해 보는 치밀함

한국 경제성장을 이끌었던 두 거인의
성공과 좌절의 순간들

이 회장이 신라호텔에 입점한 한 식당에서 만두를 먹고 맛이 맘에 들었다. 만두는 특히 그 세대 사람들에게는 향수를 느끼게 하는 음식이다. 이 회장은 그것으로 만족하지 않았다. 회사로 돌아온 이 회장은 비서진에게 지시했다. 그 식당에 가서 만두를 사다가 소를 해체, 분석하여 보고하라는 것이었다. 암 수술 후 건강관리에 신경을 써야 했기도 하였지만 그의 매사 치밀하고 분석적인 성격을 잘 말해 주는 일화다. 그는 고급 일본 요리를 즐겼던 것으로 알려져 있다.

한편 정주영 회장은 막국수, 국밥, 냉면 등 주로 토속적인 한국 전통 음식을 좋아했다. 이런 것들을 통칭하여 그는 '찝찌름한 것'으로 표현했다. 1984년 미국 순방 중에 로스앤젤리스에서의 일이었다. 미국 서부의 저명한 언론사 LA TIMES 편집진과 점심을 겸하여 인터뷰를 마치고 돌아오는 길이었다. 오후 3시가 다 되어서였다. 수행, 보좌하던 간부에게 지시했다. "근처에 어디 냉면 같은 찝찌름한 거 하는 한식당 없어?" 마침 한인 타운을 지나가고 있었다. "네, 알겠습니다." 소문난 한정식 한 곳을 찾아 들어섰다. 식당은 점심시간 영업을 마치고 저녁 영업 준비를 위하여 막 문을 닫으려는 순간이었다. 정 회장을 알아본 주인은 반색을 하며 자리로 안내했다. 정 회장은 냉면을 주문했다. 그리고 기다리는데 얼마 안 있어 정 회장이 자꾸 눈을 비비는 것이었다. 이상하게 생각한 수행원이 주위를 살폈다. 불고기판을 엎어 놓는 가스레인지의 코크가 열려 있어서 가스가 새고 있었다. 청소하는 사람이 잘못하여 건드린 것 같았다. "회장님 큰일 나겠습니다. 빨리 밖으로 나가셔야 되겠습니다!" 주위에서 누가 담뱃불이라도 붙였더라면 엄청난 사고가 날 뻔한 일촉즉발의 순간이었다. 놀란 주인이 환기를 하고 주위를 수습했다.

"찝찌름한 것 먹으려다 큰 변 당할 뻔했네. 하하!" 정 회장이 냉면을 먹고 나오며 하는 말이었다. 같은 시기에 로스앤젤리스의 톰 브래들리 시장의 만찬이 있었다. 메뉴는 소고기 스테이크였다. 미국 사람들의 스테이크 크기는 거창했다. 정 회장은 그걸 거의 다 먹었다. "회장님, 식사를 좀 남기시지, 속이 불편하시지 않으십니까?" 돌아오는 차 안에서 수행비서가 말했다. "이 사람아, 나도 억지로

다 먹었어. 초대받았을 때 음식이 다소 입에 맞지 않더라도 맛있게 먹는 것이 예의야." 정 회장의 음식 예의에 관한 생각이었다.

17.

노사관

한국 경제성장을 이끌었던 두 거인의
성공과 좌절의 순간들

　이 회장은 노조 설립에 앞서 항상 선제적으로 직원들에게 최고의 대우를 해 주려고 노력했다. 노조 설립에는 부정적인 입장을 취했다. 실제 지난 반세기 동안 노조가 없었다. 노조 설립의 움직임이 보이면 모든 수단을 동원하여 적극적으로 저지했다. 그러는 과정에 문제도 있었다. 그러나 시대가 바뀜에 따라 노동 문제가 단순히 노동 조건의 처우 개선 차원을 넘어선 지 오래다.

이병철·정주영의 정도경영과 도전정신의 명암

지난 2019년도에 선대 이병철 회장과 이건희 회장이 그토록 피하고 싶었던 노동조합이 주력 기업인 삼성전자에도 설립되었다. 다른 기업도 그렇지만 삼성전자의 업종과 국내외의 위상 때문에 삼성전자의 노사 문제는 국내 관련 업체에 파급되는 영향에 관련 업계의 초미의 관심사였다. 메모리 반도체 분야 세계 1위이다 보니 해외의 관련 업계에 미치는 영향이 대단히 민감하지 않을 수 없다. 그래서 삼성의 노사 관계는 앞으로도 국내뿐만 아니라 국제적 관심사가 된다. 2030 MZ세대의 변화하는 노동관에 맞춘 새로운 변화가 주목되는 이유다.

　현대그룹의 노동 환경은 업종 특성상 대체로 삼성과는 크게 다른 양상을 보였다. 현대는 주로 건설, 자동차, 조선, 중공업으로 구성되어 있다. 삼성전자와 같이 정밀하고 섬세한 실내 작업 환경과 다르다. 현대그룹의 노동조합 설립은 삼성의 그것보다 훨씬 앞서서 각 계열사 별로 이루어졌다. 보다 노동 현장이 개방적이고 역동적인 이유가 있었다. 정주영 회장도 이러한 현장에 익숙해져 있다고 할 수 있다. 그는 늘 자신을 "성공한 노동자"라고 했다. 재벌이라 불리는 것을 거부했다.

1976년쯤 전경련 회장단 회의서 정 회장은 다음과 같은 말을 했다. "시중에서는 내가 현대건설을 아직 주식시장에 내놓지 않는 걸 가지고 정주영이 돈에 욕심을 내서 그런다고들 합니다." 그 당시 현대 건설의 잠재 평가액이 최고조에 이를 때였다. 그는 말을 이었다. "그러나 그렇지 않습니다. 현대건설을 상장하면 주식을 누가 삽니까? 돈 있는 사람들이 삽니다. 현대건설이 성공한 과실이 결국 엉뚱한 사람에게 돌아가게 됩니다. 그러나 내 생각에는 현대건설이 중동 건설 시장에서 성공한 것은 어린 자식과 처자, 부모를 고향에 두고 낯선 외국 땅에서 열악한 기후 환경에서 땀 흘려가며 일한 근로

자들이 있었기 때문입니다. 혜택이 그들에게 돌아가도록 해야 됩니다. 그래서 그 방법을 찾는 중입니다." 그리고 그는 말을 이었다. "나는 사람이 사는 데 세 가지 비극이 있다고 생각합니다. 첫째는 배가 고파도 먹을 것이 없어서 굶주리고, 둘째는 몇 푼이면 나을 병을 돈이 없어서 못 고치고, 셋째는 자식을 돈이 없어서 못 가르쳐서 가난을 대물림하는 것입니다. 이것을 개선하지 못하면 그 사회는 병들고 결국 누구도 행복할 수 없다고 봅니다."

그 얼마 후에 현대건설을 상장했다. 그리고 이런 사업들을 하기 위하여 현재건설 주식 반을 재원으로 아산 재단 설립에 투입했다.

18.

나를 가장 행복하게 하는 것들

한국 경제성장을 이끌었던 두 거인의
성공과 좌절의 순간들

정주영 회장은 전술한 바처럼 자신을 늘 "성공한 노동자"로 불렀다.

이 표현은 마음속으로부터 우러나오는 진심이었다. "나는 현장에서 일하는 젊은이들의 햇볕에 그을린 진지한 얼굴, 걷어붙인 소매 위로 불끈 솟은 근육, 그들의 땀 냄새를 사랑한다." 그리고 그는 70이 넘어서도 매해 동해안 모래사장에서 열리는 신입 직원 수련회에 참석했다. 거기서 그들과 씨름도

하고 목청껏 노래도 부르며 어울렸다. 그리고 그때가 가장 행복하다고 말했다.

*   *   *

1987년 노사 문제가 전국으로 확산되고 있을 때였다. 그동안 노동 문제가 오래 억압되어 왔던 데도 원인이 있었다. 많은 노동 현장에서 노동자들이 마치 이성을 잃은 듯 폭력 사태가 발생하고 있었다. 6·29 선언 이후 정부는 방관하고 있었다. 현대조선 현장도 예외는 아니었다. 수습을 위하여 조선소 임원, 대표를 내세웠지만 어림도 없는 일이었다. 당시에 노사 분쟁 현장에 직접 그룹 총수가 나서는 것은 금기시되어 있었다. 지금도 마찬가지다. 그 이유는 그렇게 되면 거기서 제기된 사항이 어쩔 수 없이 최후가 되기 때문이다. 그룹사 임원이나 대표가 관여할 여지가 없어지기 때문이다. 주위에서 모두 말렸다. 정 회장은 직접 나서기로 했다. 여기서도 현장주의가 발현되었다. 자기가 가지고 있는 진심을 토로하면 통하리라고 생각했다. 울산 현장으로 내려갔다. 수천 명이나 되는 노동자들을 한자리에 모을 수가 없었다. 그래서 과장급 이상을 대표로 대형 작업장 실내에 모아 놓고 이야기를 시작했다. 그런데 이것을 알고 나머지 밖에 있던 수천 명이 "야합하려 한다"며 밖으로 나와서 노동자 전체와 이야기하라고 외치기 시작했다. 그리고 통제할 틈도 없이 정 회장이 광장으로 밀려나왔다. 순식간에 일어난 상황이라 연단이나 마이크, 확성기가 마련될 틈이 없었다. 이미 수천 명의 노동자들은 군중심리에 휩싸여 이성을 잃은 듯 무질서하게 한풀이라도 하듯 구호를 외쳐 대고 있었다. 무슨 말인지 알아들을 수 없었다. 그저 그들의 걷어붙인 팔과 주먹이 아우성 속에 정 회장 방향을 향하고 있었다. 정 회장은 속수무책으로 그 가운데

이병철·정주영의 정도경영과 도전정신의 명암

에 휩싸였다. 사태는 이미 칠순을 넘긴 정 회장의 신변 안전이 시급한 상황으로 돌변했다. 주요 TV와 방송사들은 이 상황을 전국적으로 생방송으로 중계하기에 이르렀다. 몇 시간이 지난 뒤에 겨우 사태가 진정되어 정 회장이 현장을 벗어나서 상경했다. 사람들은 정 회장이 며칠 입원 요양하며 그때의 중압감을 회복하리라고 생각했다. 그러나 전경련 명예 회장 자격으로 구자경 전경련 신임 회장과 임원들을 소집했다. "한참 그 아수라장에 휩싸이다 보니 일순간 나도 그들처럼 머리띠를 두르고 구호를 외치고 싶더라구. 그런데 생각해 보니 나는 누구를 향해 외칠 데가 없더라구. 그래서 그만두었어, 하 하 하!" 어쩌면 정주영 회장의 심중 깊은 일면을 잘 드러내는 표현이었을지 모른다. 정 회장의 노동자에 대한 생각은 그랬다.

19.

정치적 모순에 대한 다른 대응

한국 경제성장을 이끌었던 두 거인의
성공과 좌절의 순간들

  기업과 정치권의 관계에 있어서는 예로부터 불
가근불가원—가까이도 말고 멀리도 말라는 말이
있다. 언뜻 듣기에는 쉬운 말 같지만 사실상 거의
불가능한 말이다. 구미 선진국처럼 자유민주주의
시장경제가 성숙한 나라들에서도 정도의 차이가
있을 뿐 마찬가지 아닌가 생각한다. 거대 자본의
기업이 그 사회에 미치는 영향은 막강할 수밖에 없
다. 결국 정치라는 것도 본질적으로 먹고 사는 문

제인 경제 문제이기 때문이다.

　해방 이후 여러 차례 정치 사회적으로 격변기를
겪으며 성장해 온 우리나라의 경우는 더욱이 피할
수 없는 일이었다고 할 수 있다. 정치권력과 가깝
고도 먼 거리의 균형을 지킨다는 것은 현실적으로
불가능했다고 볼 수 있다. 허용이 안 됐다고 해야
옳다. 정부는 공정한 경쟁의 룰을 만들어 주고 이
를 감시만 하면 된다고 하지만 말처럼 간단한 일이
아니다. 특히 우리나라 경제성장을 견인한 주역인
정주영 회장과 이병철 회장에게는 더욱 그랬다. 전
술한 바와 같이 우리 사회에 엄청난 파장을 불러일
으켰던 '3분 폭리 사건'과 '사카린 밀수 사건'과 같
은 사건은 이 회장의 해명과는 별개로 정치권과의
관계가 정확하게 알려지지 않았다. 이들은 이 회장
에게도 엄청난 상처를 주었다. 이 회장의 삼성그
룹이 반도체산업에 성공할 수 있었던 것이 그 당시

정부가 반도체가 무엇인지 잘 몰랐기 때문에 가능했다는 냉소적인 이야기가 회자되기도 했다.

정주영 회장은 달랐다. 우선 그가 조선 사업, 자동차 사업, 중동 건설 사업에 눈을 돌린 이유 중에 중요한 것이 "국내 사업을 하다 보니 큰 공사를 수주할 때마다 정경유착이니 특혜라는 소리가 듣기 싫어서"였다고 했다.

정치적인 면에서도 그답게 적극적이었다. 그는 그가 원했든 원하지 않았든 격변기를 거치면서 그 한가운데서 격랑을 몸으로 체험해 왔다. 그리고 문제의 속성과 해결책을 깨달았다고 생각했다. 거기다가 그는 "정권이 바뀔 때마다 음으로 양으로 갖가지 명목으로 정치 자금을 뺏겼다"고 했다. 그래서 그는 드디어 대통령 선거에 나서기로 출사표를 냈다. 그의 나이 77세인 1992년의 일이다. 선거 공약으로 특히 경제면에서 예나 지금이나 서민 경제에서 중요한 부분을 차지하는 주택 문제를 반값에 해결 가능하다고 했다. 정부의 토지 정책 개선과 건축 규제를 푸는 데 들어가는 비용을 개선함으로써 가능하다는 실천안도 제시했다. 정치 제도를 대폭 개선할 수도 있다고 생각했다. 정치 변화기 때마다 그가 겪은 모순을 근거로 제시했다. 그리고 무엇보다도 통일이 가져올 수 있는 엄청난 경제적 가능성을 제시했다. 북한에 매장되어 있으나 자본과 기술이 없어서 개발 못하고 있는 광물 자원을 주시했다. 이런 자원은 한국이 전량 수입에 의존하는 것들이다. 또 북한의 노동력이 가져올 한국 경제의 경쟁력을 제시했다. 북한 노동력은 일정의 기술 교육을 거치면 세계에서 가장 경쟁력 있는 노동력이라고 했다. 일본이나 중국을 몇십 년 더 따돌릴 수 있다고 했다. 북한과의 경제적 가능성은 한국의 능력에다 북한의 능력을 더하는 게 아니고 곱하는 효과라고 주장했다. 그리고 무엇보다도 민족 통일 그 자체에 역점을 두었다. 이북에 고향을 둔 그는 누구보다도 통일에 강한 집념을 보였다. 그는 북한 주민들이 생활의 질을 향상하고 바깥세상에 눈을 뜨게 되면 자연적으로 통일 분위기가 조성될 것이라는 믿음을 가지고 있었다. 일단 남북 관계에서 덜 민감한 비정치적인 부분부터 교류를 확대하여 나가자고 했다. 그러나 그의 꿈은 이루어지지 못했다.

그는 후에 술회했다. "나는 국민들에게 내가 가지고 있는 계획들을 설득시키는 데 실패했다. 그래서 선택되지 못했다. 그러나 정작 실패한 사람은 국민들을 그토록 큰 고통을 겪게 한 IMF 사태로 몰고 간 사람을 대통령으로 뽑은 국민들 자신들이고 그다음은 국가를 부도 낸 대통령으로 영원히 기록될 대통령이다. 나는 선택되지 못했을 뿐이다." 정주영 회장다운 답변이다. 그는 끝까지 "이봐, 해봤어?" 정신을 실천한 정주영이었던 것이다.

정 회장에 비하여 이병철 회장은 30여 년이나 앞선 시점에서 정계 진출을 생각해 본 일이 있다고 그의 자서전에서 술회했다. 4·19 학생 혁명 후의 정치 사회적 혼돈, 특히 5·16 군사혁명 와중에 부정 축재자로 몰려서 시련을 겪으면서였다. 호남비료에 투자했던 당시로서는 엄청난 투자금, 4개의 시중 은행 지분 절반을 차지했던 것을 정부에 헌납해야 했다. 우리나라 경제 상황에 비해 삼성이 차지하는 비중이 너무 크게 앞서 있었기 때문이기도 했다. 이때 소위 '3분 폭리 사건, 사카린 밀수 사건' 등 시련을 겪어야 했다. 이 사건들은 아직도 배경이 명확하게 풀리지 않은 사건들이다. 그러나 그는 다시 생각하였다. 정치 못지않게 강력하게 사회에 영향을 미칠 수 있는 방법이 무엇일까 생각했다.

"올바른 정치를 권장하고 나쁜 정치를 못 하도록 하며 정치권력보다 더 강한 힘으로 사회의 조화와 안정에도 기여할 수 있는" 종합 언론사를 세우기로 했다. 1964년 5월 라디오 서울 동양 방송, 같은 해 12월 동양 TV 개국, 1965년 중앙일보 창간을 하였다.

그러나 그 후 약 20여 년이 지난 1986년 12월 신군부 정부하에서 중앙일보를 제외하고 국영 방송인 KBS에 합병되는 운명을 맞게 된다.

20.

천만 원이 천 원, 천 원도 천만 원

한국 경제성장을 이끌었던 두 거인의
성공과 좌절의 순간들

정주영 회장의 강연이 인기를 끌고 있을 때 부
산의 한 대학에서 강의 중 한 학생이 질문을 했다.
"정 회장님, 지금 주머니에 돈을 얼마나 가지고 계
십니까? 사람들은 정 회장님을 대단히 인색한 분
이라는 소문과 씀씀이가 큰 분이라는 소문이 있는
데 어느 것이 맞는 이야기입니까?"

미소를 지은 후 정 회장이 대답했다. "첫 번째 질
문에 대한 답은 세어 보진 않았지만 몇십만 원쯤

되지 않을까 합니다. 두 번째 질문에 대한 답은 사람들이 하는 말 두 가지가 다 맞습니다. 나는 돈을 쓸 때 돈 액수의 자릿수보다 돈이 쓰이는 목적이 갖는 가치를 중요시합니다. 단돈 천 원도 아낄 때는 아끼고 천만 원, 또는 그 이상도 가치 있는 일이라면 아낌없이 씁니다." 이 말은 맞는 말이었다. 정 회장에게는 옛날 어려웠던 시절의 지인들로부터 사회의 뜻있는 일을 한다는 사람들까지 재정적인 도움을 요청하는 사람들이 많이 찾아왔다. 정 회장은 이런 사람들을 가급적 돌려보내는 일이 없이 만나서 이야기를 들어주었다. 이야기를 끝내고 비서에게 지시를 했다. "이봐, 이 비서 세 개만 준비해." 그런데 이 지시에 문제가 있었다. 정 회장과 손님의 대화를 비서가 들었다면 내용을 참고하여 '세 개'가 어느 정도여야 하는지 미루어 짐작을 할 수 있지만 그렇지 못한 상황에서는 난감하기 그지없는 일이었다. 그래서 삼백만 원을 준비했다가

이병철·정주영의 정도경영과 도전정신의 명암

"아니 세 개라니까!"라는 질책을 받은 끝에 두어 번을 다시 고친 끝에 통과되는 일이 있었다. 정 회장을 오래 보좌했던 이병규 현재 문화일보 회장의 술회다.

한편 이병철 회장의 근검절약 정신도 잘 알려져 있다. 한 예로 이 회장이 평생 애호하였던 골프를 칠 때 이야기다. 티샷을 한 뒤 반드시 티를 찾아야 한다는 것이 그의 철칙이었다고 한다. 나무 티 한 개가 불과 몇십 원짜리에 불과하지만 그는 철저했다고 한다. 그래서 캐디나 골프 동반자들은 모두 이 회장이 티샷을 할 때면 티가 어디로 튀는지를 신경을 쓰고 지켜봐야 했다고 한다. 나무 티 한 개의 값어치보다 이를 통한 근검 정신의 본보기를 보여 주기 위해서였다고 본다.

이 회장은 특히 국보급 도자기들을 사 모으는 데

거금을 아끼지 않았던 것으로 알려져 있다. 그것들
이 오늘날 호암미술관의 소장품을 이루고 있다.

21.

말을 잘하는 비결

한국 경제성장을 이끌었던 두 거인의
성공과 좌절의 순간들

이병철 회장은 그가 한국 경제에서 차지하는 비중에 비하여 대중 앞에서 연설한 경우가 극히 드물었다.

이에 비하여 정주영 회장은 현대그룹의 전성기와 함께 대중 연설의 달변가로 일약 스타로 부상했다. 그의 명연설이 영상 기록으로 남아서 유튜브 등을 통해서 요즘도 접할 수 있다. 정 회장의 연설

실력이 처음부터 그랬던 것은 아니다. 예를 들어 1974년 그가 한영경제협력위원회 한국 측 위원장으로 추대되어 창립총회 개회 연설을 할 때만 해도 어눌한 말투에다 긴장해서 말을 더듬고 한 말을 또 하는 등 어설프기 그지없었다. 그렇던 그가 대중 앞에 서는 횟수가 거듭됨에 따라 어느새 달변가가 되어 있었다. 그의 경영 철학과 경험에 대하여 유머와 해학, 쉬운 표현으로 핵심을 찌르는 그의 연설은 일품이었다.

어느 날 호텔 로비에서 우연히 정 회장을 만난 한 대학 교수가 그에게 말했다. "정 회장님, 어저께 TV에서 정 회장님 연설하는 것을 보았습니다. 그런데 어쩌면 연설을 그렇게 잘하십니까?" 하며 구태여 그 비결을 물었다. 다소 귀찮은 듯 정 회장이 말했다. "이보시요, 당신들은 아는 게 많아서 이렇게 말하면 저렇게 틀릴까 저렇게 말하면 이렇게 틀릴까 하고 마련이 많아서 말을 잘 못할 수 있지만

나같이 단순한 사람은 아는 게 없어서 마음에 있는 것을 그대로 말하기 때문에 말을 잘하는 법이오."

참으로 연설을 잘하는 명쾌한 비법이었다.

22.

위기에 더욱 빛났던 도전정신

한국 경제성장을 이끌었던 두 거인의
성공과 좌절의 순간들

이병철 회장이나 정주영 회장 모두 우리나라 경제성장기의 온갖 풍상과 역경의 격랑을 그 한가운데서 누구보다도 수없이 견뎌 낸 사람들이다. 일찍이 한 저명한 세계적 역사학자는 "역사의 발전 과정은 도전과 반응의 역사다."라고 말했다. 이를 풀어서 말하면 개인이나 어떤 조직, 국가나 민족의 발전 과정은 위기를 맞았을 때 그 위기에 어떻게 대처하느냐가 운명을 가른다고 할 수 있다. 또 '위

이병철·정주영의 정도경영과 도전정신의 명암

기'라는 표현에는 위험과 기회의 두 요소가 함께 있는 것이다. 위기에 처했을 때 기회의 요소를 찾아내서 어떻게 적극적으로 대응하느냐가 그 주체의 운명을 가른다. 바로 도전정신이다.

이러한 도전에 이병철 회장은 그 나름대로 특유의 방식으로 진지하게 원인 분석과 대응책을 마련하는 방식을 취했을 것이다.

정주영 회장은 말했다. "일이 잘되면 잘돼서 즐겁고, 일이 어렵고 위기가 닥치면 이것을 어떻게 풀어 갈까 하는 생각에 또한 가슴이 설렌다." 이런 말을 할 때 정 회장의 눈에는 항상 비범한 빛이 감돌았다. 바로 정 회장의 일생을 통해 관류한 도전정신이다.

23.

명예박사 학위 수여사에 담긴
정주영 회장의 정신

한국 경제성장을 이끌었던 두 거인의
성공과 좌절의 순간들

1995년 3월 18일, 고려대학교는 정 회장에게 명예 학위를 수여하였다. 명예 학위 수여사에서 대학원의 위원회는 정 회장의 일생의 위업을 다음과 같이 소개하며 추진의 이유를 밝혔다. 정 회장 일생의 위업과 가치, 그의 정신과 인품에 대한 내용이 잘 담겨져 있다고 생각되어 여기 소개한다.

*   *   *

이병철·정주영의 정도경영과 도전정신의 명암

아산 정주영 선생은 1915년 11월 25일 강원도 통천에서 가난한 농부의 맏아들로 태어났다. 어려서는 조부로부터 한학을 배워 세상의 이치와 사람으로서 도리를 깨우쳤고, 보통학교를 졸업하면서 점차 세상에 대한 안목을 넓히는 동시에 더 넓은 세상으로 나아갈 꿈을 키워 갔다. 그러나 선생은 집안의 장손이라는 전통적 멍에에 묶여 자신의 꿈을 속으로만 간직한 채 떨치지를 못하다가 결연히 초지를 관철하고자 혈혈단신 맨손으로 상경하였다.

상경한 후 선생은 낮에는 공사판의 막노동, 쌀가게 점원 등 온갖 힘든 생활을 견디어 냈고, 밤에는 배움의 의지를 불살라 통신 강의록을 읽곤 하였다. 이처럼 선생은 청소년기에 근로와 고학을 통해 자신의 꿈을 이룰 수 있는 기반을 착실하게 다졌다.

선생은 천성이 강하고 씩씩하며, 생각이 뛰어나게 지혜로웠고, 어려서부터 부모님의 근검함과 성실함을 본받았다. 그리고 이러한 타고난 천성과 교

양을 바탕으로, 신의와 실력만이 당당히 자신의 뜻을 펼칠 수 있는 길이라는 처세훈을 자득하였다. 그리하여 선생은 평소에 살아감으로써 주위의 신망을 받게 되었고, 자진해서 도와주려는 사람들을 만나게 되었다.

그리고 끊임없는 새로운 것에 대한 습득과 도전으로 기업을 선도하는 아이디어 개발에 앞장섰다. 이러한 결과로 아도서비스 공장, 현대토건 등을 시작으로 건설, 조선, 자동차 등 제반의 산업 분야에서 타의 추종을 불허하는 경쟁력을 갖춘 오늘의 현대그룹이 이루어지게 되었다

무릇 큰일은 큰 인물에 의해 이루어지는 법이다. 1960년부터 전개된 역사적인 조국 근대화의 대역사의 근간 시설은 거의 현대그룹에 의해 주도 되었다. 소양강 다목적댐, 경부고속도로, 울산 조선소, 원자력 발전소 등 국내 굴지의 대공사들은 지난날 우리 민족이 새로 개척하고 창조해야 하는 미증유

이병철·정주영의 정도경영과 도전정신의 명암

의 사업들이었다.

만약 선생과 같이 개척 정신과 겁 없이 뛰어드는 패기, 강인하고 굽힐 줄 모르는 의지력, 그리고 투철한 신의와 신심을 가진 분이 없었다면 그렇게 짧은 시간 내에 큰 착오 없이 이루어 낼 수 없었을 것이다. 또한 선생은 이렇게 국내에서 쌓아 올린 경험과 기술을 바탕으로 중동으로 진출하여 20세기 최대의 공사인 주베일 산업항 공사를 성공리에 마침으로써 국제 경쟁 무대에서 신화를 창조하였다.

이리하여 한국인의 슬기와 능력을 세계에 과시함은 물론 당시 궁핍했던 외환 위기를 극복하는 데 결정적인 기여를 하였다.

이렇게 현대그룹이 이루어 놓은 대역사 그 모두가 개척적이고 창조적인 것들로 가히 역사적인 일들이라고 할 수 있다. 현대그룹의 성장과 확장은 바로 우리 민족의 자긍심을 높이는 척도가 되었고, 기업이 커짐에 따라 증대된 고용 능력, 생산력의 증강, 수출의 증대는 국민의 생활 향상과 국가의 경제 발전을 이룩하는 직접적이고 중추적인 역할을 한 것이다.

한편, 선생은 단순히 기업의 경영인에 머물지 않고 기업의 이윤을 사회에 환원하는 길을 모색하여 교육, 학술, 언론, 문화, 체육 등 광범위한 '국민 복리'의 실천을 위해 '아산사회복지사업재단'을 설립하였다. 이 재단은 낙후된 지역에 병원을 지어 의료 혜택을 베풀었고, 집안이 넉넉하지 못한 1만 5천여 학생에게 장학금을 지급하였으며, 대학의 학술 연구를 지원하여 산학연 협동 체제를 구축하는 데도 앞장섰다.

또한 언론의 창달에도 관심을 기울여 관훈클럽을 지원하고, 신영연구기금을 조성하는 등 언론인의 자질 향상에도 기여했다.

그리고 선생은 문화 예술과 국민 체육 진흥에도 적극 참여하여 여러 분야의 스포츠단의 창단을 통해 국민의 체력 및 국제 경쟁력 향상에 이바지했다. 특히 한민족의 우수성을 세계에 선양하는 데 가장 직접적인 효과를 얻을 수 있는 올림픽을 서울로 유치하는 데 주도적 역할을 담당했고, 이를 성공적으로 치를 수 있도록 물심양면의 지원을 아끼지 않았다.

10여 년 전 선생은 넓은 농토를 원하셨던 선친의 유업을 받들어 천수만 개척 사업에 투신하여 가장 어려웠던 최종 물막이 공사를 이른바 '유조선 공법'이라는 묘안으로 성공시킴으로써 세상 사람들을 경탄케 하였다. 이것은 선생의 수많은 시련과 경험 속에서 터득된 선생 특유의 예지를 극명하게 보여 주는 것이라 할 수 있다. 그리하여 1994년에는 아시아 위크지가 선정하는 5대 기업인의 한 사람으로 추앙받는 영광을 누렸다.

선생은 무에서 유를 창조하듯이, 빈손으로 일어나 끊임없는 시련과 도전을 극복하면서 한국 최대

이자 세계 굴지의 기업을 구축했다. 이것은 입지전적인 인간 승리의 본보기가 아닐 수 없다. 그러나 선생은 대성한 뒤에도 어렸을 때의 가난을 되새겨 검소함을 생활의 지침으로 삼고, 기업을 일으킬 때의 어려움을 기업 관리의 신조로 삼아 조금도 사치하거나 교만하지 않았다. 그저 타고난 천성대로 부지런하고 건강하게 살아갈 뿐이었다.

이제 선생의 '시련은 있어도 실패는 없다'던 생의 여정에도 연륜이 쌓여 80세라는 '대년(大年)'에 이르렀다. 옛날에는 큰 허물없이 80세를 산 노인에게는 수직(壽職)을 내리고 '선생'이라는 호칭도 붙여졌다. 하물며 선생과 같이 입지전적인 인간 승리의 본보기를 보여 준 사람에게 있어서랴! 이에 고려대학교 대학원 위원회는 선생이 간직한 인간 본연의 질박함과 일생 동안 인간의 생존에 유익한 사업을 해 온 공덕을 기리어 명예철학박사 학위를 수여할 것을 의결하고 고려대학교 총장에게 추천하

이병철·정주영의 정도경영과 도전정신의 명암

는 바이다.

*　　　*　　　*

  또 이날 홍일식 고려대학교 총장은 인사말에서
정 회장의 일생의 업적에 대하여 다음과 같은 찬사
를 보냈다.

  일반 졸업식이 새로 지은 배를 처음으로 먼바다
로 떠나보내는 진수식에 비유된다면 이 명예박사
학위 수여식은 무거운 짐을 싣고 먼 항해를 떠났던
배가 무사히 여정을 마치고 성공적으로 귀향하는,
이를테면 '인간 승리호'를 맞이하는 환호와 경축,
위로와 존경 그리고 한껏 선망을 보내는 자리라고
할 수 있습니다. 그러므로 명예박사 학위 수여식은
그 어느 의식보다도 경쾌하면서도 융중(隆重)하
고, 권위적이면서도 성스럽기까지 한 대학 특유의

성사입니다.

따라서 이 명예박사 학위를 수여받는 분의 공적은 바로 인류 사회가 추구해야 할 보편적 가치의 구체적 사례가 되고, 배움의 길을 걷는 젊은 지성들에게는 자아를 실현하는 데 더없이 친근한 본보기가 되며, 이는 또한 대학이 한 인류 사회를 평판하는 지엄한 잣대이자 대학이 추구하는 인재 양성의 지고한 표상인 것입니다. 이미 세상 사람들에게 잘 알려진 바와 같이 정주영 선생은 무에서 유를 창출해 낸 입지전적인 인물로서, 그분의 원대한 구상과 정밀한 설계, 지혜로운 방책과 과감한 추진력, 그리고 필생의 신념과 '공성신퇴(功成身退)'하는 질박하고 담담한 인생관은 나날이 왜소해지고 부품화되어 가는 사람들로 하여금 거대한 꿈을 가꾸고 전체를 통합적이고 유기적으로 보게 하는 안목을 길러 줄 것입니다. 그리하여 한 기계의 부속품이 되기보다는 그 기계를 제어하는 경영 주체로

서의 인간을 길러 가는 데 산 교훈이 될 것입니다.

이러한 시대의 창조자, 시대의 선각자에게 저희 고려대학교가 명예박사 학위를 수여하는 것은 바로 고려대학교의 교육 이념의 표현이라고 하겠습니다. 지금 저희 고려대학교는 '바른 교육, 큰사람 만들기' 운동을 전개하고 있습니다.

그동안 우리나라 대학들은 지식인을 양산했을 뿐 예지로운 지성을 길러 내지 못하였으며 부품적 기능인을 배출했어도 우주와 인간을 경영할 수 있는 창조적 대인물을 길러 내는 데는 소홀했습니다. 이제부터 저희 고려대학교는 선생님과 같이 새로운 시대의 창조자, 시대의 선각자를 길러 내어 우리 민족을 보다 높고 넓은 차원에서 학술과 도덕과 문예의 진선미를 추구하고, 건강한 체질과 우아한 기품을 바탕으로 항상 평화를 위해 기여하는 선량한 민족을 가꾸어 가는 데 선도적 역할을 다할 것입니다.

정주영 선생께서는 60여 년 저희 고려대학교의 중심 건물인 본관을 지을 때 몸소 주춧돌을 놓아 주신 분입니다. 그 후 고려대학교는 그 건물을 기점으로 거대한 종합 명문 대학으로 발전하였고 선생께서는 많은 기업을 창건하고 국가의 기간산업을 일으켜 세계 유수의 기업인으로 대성하셨습니다.

　이제 선생이 초석을 놓으신 그 학교가 60여 성상을 '시련은 있어도 실패는 없다'는 신념으로 인간 승리의 길을 걸어오신 선생께 명예박사 학위를 수여하게 되니, 60여 년이 지난 오늘은 인간 승리의 본보기가 되시어 고려대학교의 정신적 주춧돌을 또 하나 보태신 셈입니다.

　(출전:『이봐, 해봤어?』)

24.

이병철 회장 연보(요약)

한국 경제성장을 이끌었던 두 거인의
성공과 좌절의 순간들

1910. 2. 12.   경남 의령군 정곡면 중교리 723번지에서 부 이찬우와 모 안동권 씨(음력 1. 30) 2남으로 출생

1916   조부가 세운 서당, 문산정에서 한학 수학

1922. 3   보통학교(진주시 지수면) 3년 편입

1922. 9	서울 수송공립 보통학교 편입
1925. 2	서울 수송공립 보통학교 4년 수료
1925. 4	중동학교 속성과 편입
1926. 4	중동중학교 본과 입학
1926. 12. 5.	박두을(순천박씨, 1908년생)과 혼인
1929	중동중학교 4년 수료
1929	도일
1930. 4	와세다대학 전문부 정경과 입학
1931. 9	신병으로 학업(와세다대학 2학년)

중단하고 귀향

1934.10	사업 투신을 결심, 부친으로부터 사업 자금으로 논 3백 석분을 분재 받음
1936.3	마산 합동정미소 창업(정현용, 박정원 씨와 동업)
1936.8	마산 일출자동차회사 인수, 트럭 20대로 운수업
1936.9	산은 마산지점 융자로 김해평야의 논 40만 평 매입
1937.6	토지사업 확장, 2백만 평의 대지주가 됨

1937.9	중일전쟁으로 협동정미소, 일출자동차 사업, 토지 사업 청산
1938.3.1.	삼성상회(대구시 수동) 설립
1939	조선양조(대구) 인수
1948.11	삼성물산 공사 설립(서울 종로2가 영보빌딩)
(1950.6.25.	6·25 발발)
1951.1.11.	임시 수도 부산에서 삼성물산 설립, 사장 취임
(1953.7.27.	정전 협정 조인)

1953. 8. 1.　　제일제당 설립, 사장 취임

1954. 9. 15.　　제일모직 설립, 사장 취임

1955. 12. 20.　대한정당 판매(주) 설립

1956. 3. 15.　　제일모직 염색 가공 공장 준공

1957. 1. 2.　　국내 최초로 사원공개채용시험 실시

1957. 2. 6.　　한일은행 인수, 동양제당 인수, 대한
　　　　　　정당판매 해산

1958. 1. 25.　삼척시멘트 인수(현 동양시멘트)

1958. 2. 21.　안국화재 인수

1958.9	삼척시멘트 양도
1958. 10. 10.	상업은행 인수
1958. 12. 19.	(주)장미라사 설립(제일모직 직매장), 동일방직, 근영물산, 한국타이어 인수
1959. 4. 9.	조흥은행 인수
1959. 12. 5.	동일방직 양도
1960. 2	비료공장 건설을 위한 차관 교섭차 유럽 출장, 서독 크루프사 이탈리아 몬테카니니 재벌과 차관 교섭에 성공

(1961.5.16.   군사혁명)

1961.6.26.   박정희 최고회의 부의장과 첫 대면

1961.7.28.   제일모직, 소모사 3천 lbs 홍콩 처녀
              수출

1961.8.16.   한국경제인연합회(현 전국경제인연
              합회) 초대 회장 취임

1961.9.4.   미국 샌프란시스코 국제산업회의 참
              석(비료와 정유 공장 투자유치 교섭)

1961.11.2.   민간 경제사절단장으로 미주 방문

1962.5.12.   제일모직 회장장 취임

1962.9.29.	한국경제인연합회 회장직 사임
1963.2.26.	동양TV방송(주) 설립
1963.3.2.	효성물산, 한국타이어, 한일나이론 양도
1963.6.25.	라디오 서울방송(주) 설립
1963.7.15.	동방생명, 동화백화점, 동남증권, 동양화재, 대한제유 인수
1963.11.11.	동화백화점, 신세계로 상호 변경
1963.12.23.	동화부동산(현 에버랜드)인수
1963.12.28.	미풍산업 설립

1964. 1. 29.   삼성장학회 설립

1964. 5. 9.   라디오 서울 개국

1964. 7. 15.   대구대학 인수

1964. 8. 27.   한국비료(현 한비) 설립, 사장 취임

1964. 9. 18.   대구대학 이사장 취임

1964. 11. 30.   삼성물산, 제1회 수출의 날에 대통
             령상 수상

1965. 2. 4.   삼성문화재단 설립 발표

1965. 3. 17.   (주)중앙일보사 설립, 사장 취임

1965. 4. 1.	삼성문화재단 설립 인가
1965. 9. 9.	삼성문화재단, 성균관대 인수
1965. 9. 22.	〈중앙일보〉 창간
1965. 12. 3.	성균관대 이사장 취임
1966. 4. 1.	사단법인 대한암협회 회장 취임
1966. 5. 19.	고려병원 설립, 대구대학 양도
1966. 12. 9.	〈중앙일보〉 대표이사 사임
1967. 2. 16.	새한제지 인수
1967. 4. 20.	한비 울산공장 준공

1967. 7. 18.	동양화재해상보험 양도
1967. 10. 16.	한비 헌납(주식 51%)
1968. 2. 14.	〈중앙일보〉 대표이사 회장 취임
1968. 6. 16.	안양컨트리클럽 개장
1968. 7. 1.	제일제당, 미풍산업 흡수 합병
1969. 1. 13.	삼성전자 주식회사 설립
1969. 5. 19.	제일모직, 한국 최초로 섬유 부문에서 발명상 수상
1969. 12. 4.	삼성산요전기(주) 설립

1970. 1. 20.   삼성 NEC 설립

1971. 2. 18.   사재 150억 처리 방안 발표

1971. 9. 15.   삼성일렉트릭(주) 설립

1972. 7. 1.   제일합섬 설립

1973. 1. 17.   제일기획(주) 설립

1973. 3. 2.   삼성전자, 삼성일렉트릭 흡수 합병

1973. 5. 9.   (주)임피리얼 설립

1973. 6. 13.   제일제당 기업 공개

1973. 7. 6.   임피리얼, 영빈관 인수

1973. 11. 7.　　임피리얼, (주)호텔신라로 상호 변경

1973. 12. 20.　　삼성코닝 설립

1974. 3. 28.　　삼성산요, 삼성전기(주)로, 삼성산요
　　　　　　　　파츠, 삼성전기파츠(주)로 NEC, 삼
　　　　　　　　성전관(주)으로 각각 상호 변경

1974. 7. 10.　　삼성석유화학 설립

1974. 8. 5.　　삼성중공업(주) 설립

1974. 12. 21.　　〈중앙일보〉와 〈동양방송〉 합병, (주)
　　　　　　　　중앙일보, 동양방송으로 상호 변경

1975. 1. 21.　　중앙엔지니어링(주) 설립

1975. 3. 5.	제일제당 종합식품연구소 설립
1975. 5. 6.	제일모직, 기업 공개
1975. 5. 12.	삼성물산, 종합무역상사 제1호로 지정
1975. 6. 25.	삼성전자, 기업 공개
1976. 4. 17.	용인자연농원 개장
1976. 4. 20.	동방생명빌딩 준공
1976. 9. 9.	일본 동경암연구센터 카지타니 박사의 집도로 위암 수술, 이후 금연, 소식의 절제 생활
1977. 2. 8.	삼성종합건설 설립

1977. 3. 1.　　삼성전기, 삼성전자에 흡수 합병

1977. 4. 9.　　삼성전자, 컬러TV 생산 개시

1977. 4. 22.　　삼성조선(주) 설립(우진조선 인수)

1977. 5. 3.　　대성중공업 인수

1977. 8. 1.　　삼성정밀공업(주) 설립

1977. 11. 30.　　제일제당, 핵산 복합조미료 아이미 신개발

1977. 12. 5.　　삼성GTE통신(주) 설립

1977. 12. 30.　　한국반도체 인수

1978.3.2.	한국반도체, 삼성반도체로 상호 변경
1978.4.26.	코리아엔지니어링 인수
1978.9.26.	의료법인 고려의료재단 설립
1978.10.14.	개인소장 문화재(국보 7점, 보물 4점 등 1천 1백여 점)를 삼성미술문화재단에 기증
1978.12.29.	삼성전자, 국내 전자 업계 최초로 수출 1억 달러 돌파
1979.1.18.	삼성전자부품, 기업 공개
1979.2.27.	이건희, 삼성그룹 부회장 취임

1979. 3. 8.	호텔신라 개관
1979. 4. 17.	미국 뱁슨대학의 세계최고경영자상 수상
1979. 7. 20.	동방 여의도빌딩 준공
1979. 9	삼성전자, 국내 최초로 VTR(SV— 7700) 개발
1980. 1. 16.	삼성석유화학, TPA 생산 개시
1980. 3. 3.	삼성전자, 삼성반도체 흡수 합병
1980. 3. 19.	삼성조선, 석유시추선 1002호, 1003호 진수

1980. 4. 7.	삼성전관, 컬러 브라운관 수원공장 준공
1980. 4. 14.	한국전자통신 인수
1980. 4. 14.	〈중앙일보〉TBC 여의도 센터 개관
1980. 7. 9.	삼성조선, 석유운반선 1000호 진수
1980. 7. 31.	삼성정밀, 항공기 엔진 첫 정비 출고
1980. 8. 26.	삼성전관, 국내 최초 한글, 한자 컴퓨터 시스템 개발
1980. 9. 30.	삼성전자, 국내 최초 다기능 VTR(SV—8000)개발

이병철·정주영의 정도경영과 도전정신의 명암

1980. 10. 31.	삼성전자, 국내 최초 전자레인지 개발
1980. 11. 30.	TBC 고별 방송, KBS에 흡수
1981. 1. 10.	한국안전시스템 인수
1981. 2. 9.	삼성전자 컬러TV 100만 대 생산 돌파
1981. 5. 29.	삼성전자, 흑백 TV 생산 1천만 대 돌파
1981. 11. 27.	미국 IBM사 파이퍼 회장 접견
1982. 2. 3.	삼성라이온즈 프로야구단 창단
1982. 3. 11.	21년 만에 미국 등정, 4월 2일 보스턴대학 명예 경영학 박사 학위 수여식 참석차

1982. 3. 30. IBM 파이퍼 회장과 컴퓨터 기술제
      휴에 관한 환담

1982. 4. 22. 삼성미술문화재단 호암미술관 개관

1982. 6. 28. 삼성정밀, 국내 최초 항공기 엔진 국
      산화 성공 출하

1982. 11. 30. 삼성물산 수출 20억 불탑 수상

1982. 12. 1. 제일제당, 국내 최초로 인터페론 대
      량 생산 기술 개발

1982. 12. 15. 삼성전자, 서독에서 제3회 국제기술
      상, 최우수기술상 수상

1982. 12. 27. 삼성반도체통신 발족(한국전자통신

흡수)

1982.12.28.   삼성전자, 국내 최초로 세컴 방식 컬러TV 프랑스에 처녀 수출

1983.1.1.   삼성중공업, 조선, 대성중공업 3사 통합

1983.2.10.   삼성전자, 국내 최초로 컬러 TV 3백만 대 생산 돌파

1983.7.2.   삼성반도체통신, 미국 캘리포니아 실리콘밸리에 현지법인 트리스타 세미콘닥터 사 설립

1983.7.28.   삼성정밀, 항공기 엔진 수리 300대 돌파

1983. 9. 12.	삼성반도체, VLSI공장 기공
1983. 10. 11.	삼성전자, 세계 최초 초소형 VTR개발(대통령상)
1983. 10. 29.	삼성반도체통신, 국산전화교환기 100만 회선 돌파
1983. 11. 30.	삼성전자, 국내 가전업체 최초로 수출 5억 불탑 수상
1983. 12. 1.	삼성반도체통신, 국내 최초로 세계 세 번째 64KD램 개발 생산
1984. 1. 18.	삼성전자, 합작 회사 삼성·휴렛패커드 사 설립

1984. 1. 28. 제일제당, 미국에 해외 합작법인 유 진텍인터내셔널 사 설립

1984. 3 삼성전자, 국내 최초로 비디오 헤드 생산

1984. 3. 31. 삼성반도체통신, 기흥 VLSI공장 준 공(5월 17일 준공식)

1984. 4. 20. 삼성의료기기 설립

1984. 5. 29. 삼성정밀, 제트 엔진 제어 장비 국산 화 성공

1984. 6. 14. 삼성반도체통신, 광통신 및 광케이 블공장 준공

1984.6.27.	제일제당, 유전공학연구소를, 이천과 미국 앨런데일에서 동시 준공
1984.10.8.	삼성반도체통신, 국내 최초 256KD 램 개발
1985.1.22.	삼성유나이티드 항공 설립
1985.3	삼성전관, 국내 최초로 컬러 TV 형광체 개발
1985.4.15.	삼성전자, 생산기술연구소 준공
1985.4.18.	크라이슬러 사 아이오코카 회장과 자동차산업 공동 추진에 합의
1985.5.1.	호암아트홀 개관

이병철·정주영의 정도경영과 도전정신의 명암

1985.5.21.	삼성반도체통신, 256KD램 양산공장 준공
1985.7.1.	제일합섬, 폴리에스터 필름공장 준공
1985.10.22.	삼성정밀, 반도체용 리드프레임 공장 준공
1986.7.1.	삼성경제연구소 발족
1986.7.13.	삼성반도체통신, 세계 세 번째로 1MD램 개발
1986.9.7.	삼성반도체통신, 순수 국내 자본과 기술로 256KS램 개발
1986.10.8.	삼성전자, 세계 최초 4㎜ VTR 개발

1987. 3. 24.	삼성항공산업, 삼성항공우주연구소 설립
1987. 6. 16.	삼성반도체통신, 미국 실리콘밸리에 반도체공장 준공
1987. 8. 3.	삼성, 〈포춘지〉가 선정한 1986년도 '매출기준 세계 500대 기업(미국 제외)' 중 21위 랭크
1987. 10. 22.	삼성종합기술원 개원
1987. 11. 19.	자택에서 별세

이병철·정주영의 정도경영과 도전정신의 명암

25.

정주영 회장 연보(요약)

한국 경제성장을 이끌었던 두 거인의
성공과 좌절의 순간들

1915. 11. 25. 강원도 통천군 아산리에서 6남 2녀
중 장남으로 출생

1919~22 조부로부터 천자문, 동몽선습, 명심
보감, 소학, 대학, 논어, 맹자 등 학습

1930 송전보통학교 졸업

1931	1차 가출, 원산 고원 철도 공사판 노동 2차 가출, 금화 공사장 노동
1932	3차 가출, 경성 실천부기학원 수강
1933	4차 가출, 인천 부두 하역 노동, 건설 현장 노동
1934	복흥미곡상 쌀 배달 점원
1938	노점 미곡상 경일상회 개업
1939	변중석(당시 16세)과 결혼
1940	자동차 수리 공장 아도서비스 개업
1945	세계 2차 대전 종전, 한국, 일제로부

터 해방, 미군 군정 실시

1946	자동차 수리 공장 현대자동차공업사 개업
1947	건설 보수업 현대토건사 개업
1948	남한 단독 정부 수립, 이승만 정권 출범
1950	한국전쟁 발발, 현대자동차공업사, 현대토건사 합병, 현대건설주식회사 설립
1953	한국전쟁 휴전, 낙동강 고령교 복구 공사 수주, 적자 손실, 파산 위기
1957	한강 인도교 복구공사 수주

1960	4·19 혁명, 자유당 이승만 정권 붕괴, 민주당 장면 내각 출범
1961	5·16 군사혁명, 박정희 정권 출범
1965	최초 해외 공사, 태국 Patani Naratiwat 고속도로 공사 수주
1967	소양강 다목적댐 수주, 착공
1968	경부고속도로 착공, 현대·포드자동차 조립 기술 협정 체결, 코티나 자동차 생산
1970	현대시멘트 설립, 경부고속도로 완공, 전체 중 2/5 건설, 고리원자력발전소 1호기 착공

이병철·정주영의 정도경영과 도전정신의 명암

1972	현대조선소 착공, 조선도크 1호와 2호 완공과 동시 26만 톤급 대형 유조선 2척 완공, 진수
1974	한·영 경제협력위원회 위원장 피선
1976	한국 최초 고유 모델 자동차 포니 생산, 한·아랍 친선협회 회장단 피선, 현대상선 설립, 사우디아라비아 Jubail 산업항 9억 3천만 달러 공사 수주
1977	전국경제인연합회 회장 피선, 울산 공업대학 이사장 취임, 아산복지사업재단 설립, 영 여왕 대영제국 커멘더 훈장(Commander of the Order of British Empire) 수여, 한국열관리협

회(에너지관리공단 전신) 회장 피선

1978	한·아세안 경제계지도자협의회 회장 피선
1979	박정희 대통령 김재규 중앙정보부 부장에게 시해, 전두환 세력 집권, 과학기술진흥재단 이사장 피선
1981	88 서울올림픽 유치위원회 위원장 피선, 유치 성공
1982	유전공학연구조합 이사장 피선, 대한체육회장 피선
1983	현대전자주식회사 설립, 한국정보산업협의회 회장 피선

1984	서산 천수만 간척 사업, 4천 700만 평 간척
1985	한국의 산업화와 경제 발전을 주도함으로써 자유 시장경제와 민주주의 창달에 기여한 공로를 기리는 미 상원의 결의서(Resolution) 수여, 아시아 최장 13.5㎞ 말레이시아 Penang 교 완공
1987	전국경제인연합회 명예회장 취임
1988	노태우 정권 출범, 24회 서울올림픽 개최, 국민훈장 무궁화장 수여
1989	한·소 경제협력위원회 회장 취임

1991	현대석유화학 주식회사 준공, 통일 국민당 창당, 대표최고위원 취임, 14 대 국회의원 당선, 14대 대통령 출 마, 낙선
1993	김영삼 정부 출범, 정부 압력으로 국 회의원직 사퇴, 통일국민당 탈당
1994	러시아 고르바체프 수상 면담, 시베 리아 자원 개발 등, 한·소 경제 협력 논의
1995	중국 장쩌민 수상과 한·중 경제협력 확대 방안 논의
1997	외환 위기, 한국 경제 IMF 관리체제 돌입

1998	김대중 정부 출범, 북한 김정일 국방위원장 면담, 500마리 소 떼 이끌고 군사 분계선 통과 방북, 북한 금강산 관광, 개발사업 개시
1999	대북 사업 전담, 현대아산주식회사 설립
2001	러시아 푸틴 대통령으로부터 친선 훈장 수여, 3월 21일 타계

명예박사 학위 수여

1975	경희대 공학 박사 학위
1976	충남대 경영학 박사 학위
1982	George Washington대 경영학 박사 학위

1985	연세대 경영학 박사 학위
1986	이화여대 문학 박사 학위
1990	서강대 정치학 박사 학위
1995	고려대 철학 박사 학위
1995	Johns Hopkins대 인문학 박사 학위

이병철·정주영의 정도경영과 도전정신의 명암

**이병철·정주영의
정도경영과 도전정신의 명암**

ⓒ 박정웅, 2023

초판 1쇄 발행 2023년 6월 7일

지은이   박정웅
펴낸이   이기봉
편집   좋은땅 편집팀
펴낸곳   도서출판 좋은땅
주소   서울특별시 마포구 양화로12길 26 지월드빌딩 (서교동 395-7)
전화   02)374-8616~7
팩스   02)374-8614
이메일   gworldbook@naver.com
홈페이지   www.g-world.co.kr

ISBN   979-11-388-1996-1 (03300)